U0067122

根

以讀者爲其根本

莖

用生活來做支撐

葉

引發思考或功用

獲取效益或趣味

*蕭瑤

英國遊學瘋

ROUNDHOUSE
No1
No1
ROUNDHOUSE
CELEBRATE ST. GEORGE'S WEEKEND
23RD - 25TH APRIL
PADDINGTO
GIFT SHOP
style
ONAL STYLIST
Look mum, no leaks"
NEW!
HUGGIES
Super-Flex
The Hopper
36
Go-Ahead
LONDON
Central
PVL 343
PF52 WPT

風信子HYACINTH

英國遊學瘋 Crazy Study In UK.

作　　　者：蕭瑤
出　版　者：葉子出版股份有限公司
發　行　人：宋宏智
企 劃 主 編：林淑雯
行 銷 企 劃：汪君瑜
責 任 編 輯：洪崇耀
文 字 編 輯：廖文雅
美 術 編 輯：太陽臉
封 面 設 計：太陽臉
印　　　務：許鈞棋
專 案 行 銷：吳明潤
登　記　證：局版北市業字第677號
地　　　址：台北市新生南路三段88號7樓之3
電　　　話：(02)2363-5748　　傳真：(02)2366-0313
讀者服務信箱：service@ycrc.com.tw
網　　　址：http://www.ycrc.com.tw
郵 撥 帳 號：19735365　　戶名：葉忠賢
印　　　刷：鼎易印刷事業股份有限公司
法 律 顧 問：北辰著作權事務所
初 版 一 刷：2004年 11 月　　定價：新台幣 280 元
I S B N：986-7609-42-5

國家圖書館出版品預行編目資料

英國遊學瘋／蕭瑤作.--初版.--台北市：
葉子, 2004〔民93〕面；　公分.--（風信子）
ISBN 986-7609-42-5（平裝）
1.留學生-英國

529.2641　　93019274

總　　　經　　　銷：揚智文化事業股份有限公司
地　　　址：台北市新生南路三段88號5樓之6
電　　　話：(02)2366-0309
傳　　　真：(02)2363-0310

前言：實現夢想 近在咫尺

經過一個月昏天暗地的籌劃與忙碌，毅然拋下工作，赴英遊學的夢想終於近在咫尺。我與兩位好友，在中正機場與家人揮手道別，與荷航班機載著的兩百多名旅客，駛向遙遠的歐洲。經過十七小時的飛行，終於在目的地──布里斯托著陸，這是我即將生活三個月的陌生城市啊！

■英國的古堡，裡裡外外總是透著神秘感。

因為陌生，令我迫不及待地想探索它。

因為陌生，一分未知的焦慮油然而生。

這個交錯的矛盾，更讓我產生了一份直覺，英國，即將成為我擺脫不去的牽掛呵！

出國遊學前後，親友們莫不好奇：「出國三個月要花多少錢？」這個問題我已經數不清被問多少次了，但我總是回答，遊學的意義不在於金錢的估量，而是一種新生活的體認，中西文化衝擊之下所激發的靈感。

Travelodge
Self-service tickets
SANDWICH BAR
OPEN
OPEN
Nestlé
City of Westminster
VEHICLE POUND
HYDE PARK
MARBLE ARCH
LAURA ASHLEY
ARSENAL
PIZZA HUT BUFFET LUNCH £5.49
Jumbo Hot
DOGS
£2.00
UNDERGROUND
TOWER HILL STATION
TELEPHONE
O'neill's

contents

與英倫初相見。

英國，不再是一個地名。它將是我另一段生命旅程的起點。

＊初來乍到　＊多變的英國天氣　＊英國的交通
＊英國人的辦事態度　＊英國的治安

■往Windmere小鎮花園。

初來乍到。

套句陳言腐詞：「有如劉姥姥進大觀園」。
我睜亮眼睛，
東張西望地觀察著這個城市，
更深怕一眨眼，就錯過新奇美好的事物。

■黃昏時分田野記趣。

■很炫麗的橘紅色建築物。

我和兩位好友，拖著沉重的行李，走出布里斯托的機場，匆匆忙忙搭上長程巴士。一旁的友人細聲訴說，就在我拖行李時，她們已藉機向一位旅客詢問，經其告知才上了這輛巴士，否則，我們恐怕現在仍徘徊機場外呢！

火災是我的見面禮？

終於到達在台灣時便預訂好的旅社。放下行李，正打算躺下休息時，乍然火警鈴大響，我心想：「不會吧！才剛踏上英國就碰上火災！」

我們從六樓安全梯飛奔下樓，旅館外早已聚集了一群房客，但奇怪的是，沒人有驚慌的表情，這哪裡像是「火災」現場？

這時，一個圍著浴巾，赤腳的年輕人跑了出來，顯然警鈴大作時，他正在洗澡。眾人指著他，哄堂大笑，還有幾個愛開玩笑的人，作勢想將他的浴巾扯下，只見這可憐的年輕人，兩手緊抓著浴巾拼命掙扎大叫：「No！No！No！」

另一邊，有對身著禮服的新婚夫妻，在人群笑聲中喝下了交杯酒。

我忍不住說：「真像一場爆笑肥皂劇，好無聊。」因為我講中文，心想不會有人聽懂，沒想到，話才說完，一個老外立刻轉頭對我笑。天啊！不會碰上一個懂中文的老外吧？！

五分鐘內就趕到的消防員，臉上也是一派沒事的表情，上樓「執行任務」後，隨即開著消防車離開「火災現場」。一直到消防員離開後，我還搞不清楚這到底是怎麼回事？既然沒發生火災，警鈴為什麼會響？而且連消防員都來了！

原來，古早之前，倫敦曾毀於祝融之災，從此英國政府對火災便十分重視，警鈴也調得很敏感，只要有一點風吹草動，就會觸發警鈴，而消防員則必須在五分鐘之內到達。就曾有消防員一天跑了三、四次，都沒有一次是真的發生了火災。而之後在英國的三個月，我前前後後共跑了五次火警，幸好每一次都只是虛驚一場。

我們的課程，都是在兩天後才開始，朋友體諒我尚未建立英文溝

■已經很累了，無法好好體驗走在如此寂靜無聲的街道上有何感覺？

通能力，堅持先替我找好語言中心和宿舍的所在地。於是我們拿著地圖，置身在市中心的車水馬龍中，尋尋覓覓，由市區繞到郊區，再由郊區繞回市區。套句陳言腐詞：「真是有如劉姥姥進大觀園。」我睜亮雙眼，東張西望地探索著這個城市，深怕一眨眼，就錯過新奇美好的事物。

我們坐了十七個小時的飛機，幾乎未闔眼，竟然還能夠在平地上走了將近三個小時後，也不覺得累，只感覺腳底隱痛，人的潛能真的是不容小覷！

一路上問了許多路人，也遇到糊塗報錯路的人，走了不少冤枉路。天色漸暗，腳也愈來愈疼痛，許多流浪漢、乞丐紛紛出現，其中還有許多胡言亂語的醉漢與神色渙散的精神病患。什麼也沒找到的我們，為了安全起

■布里斯托大學宿舍一景。

見，決定先打道回旅社。

一回到旅館，我倒頭就睡。天明之際，迷迷糊糊聽見朋友的談話，是關於未來的長期讀書計劃，這時才猛然想起，昨天為了找我的語言中心和宿舍，她們完全沒有時間規劃自己的私事，愧疚感頓時生起，心想：「若我英文好一點，是不是就不必麻煩朋友了？反而還可以照顧朋友呢？」我躲在棉被裡，佯裝沉睡，心中汗顏之情油然而生：「我不是最愛面子的嗎？我不是只表現美好的一面給朋友看嗎？為何會『淪落』到麻煩朋友的地步呢？」

我告訴自己：「一定要把英文學好！」

宿舍你在哪裡？

在英國，許多旅社都會與計程車行合作。因為前一天找不到宿舍和語言中心，於是我們決定請旅社代為招車，請計程車載我們到布里斯托大學的宿舍。（在國外，許多學校和宿舍是分開的，甚至宿舍分成好幾區分佈在城市內。）

沒想到五分鐘不到的車程，竟然要付五磅，尚未正式融入英國當地生活的我，這時已感到此地物價的昂貴了。站在宿舍大門口，簡陋的大門讓我不禁懷疑：「這真的是大學宿舍嗎？」大門推不開，門上卻貼著一張告示，因為看不懂，只有趕緊拿出救命仙丹——快譯通。

我發誓，二十六個字母我都認識，但是，它們相親相愛地站在一起，就是我不認識你，你不認識我了。正當我一邊擦汗，一邊快速按著翻譯機時，門「豁啦」一聲開了，一個中年黑人男子與一個白人女子揹著行李走了出來，我有如得救般的興奮，心想：「今天不用露宿街頭了！」

我手上拿著住宿單，操起我那可憐生硬的英文，對著迎面走出來的黑

■此類細膩的浮雕特寫，在英國的教堂外常可見到，也令我流連忘返。

人說：「I……I……I……first day……come here, but……I don't know where……can you help me？」這個黑人大概看我「單身弱女子」，實在不適合流浪街頭，於是熱心的替我找到宿舍管理員，才揹起行李離開。

管理員將我帶到房間，交給我一串鑰匙，又仔細說明了許多應注意的事項，無奈我完全聽不懂，只是呆愣在那裡，面無表情，他無奈地搖搖頭，說了一句我「唯一」聽懂的英文：「晚上六點，大家要集合，我會來叫妳！」

這所大學的宿舍是單人房，除了檯燈、書桌、衣櫥外，最特別的就是暖氣機、個人電話以及個人洗臉檯。只是環顧四周，偌大的房間，卻也讓人不由得徬徨起來，我在房間內來回踱步：

語言中心在哪裡？

明天要去哪裡上課？

超市在哪裡？

日後要怎麼生活？

心中預設了一大堆往後的煩惱，心情也愈顯浮躁。看看錶，六點半了！天啊！那位學生管理員竟然爽約！這樣我明天要到哪裡上課啊？情急之下，我竟撥了電話機上的緊急按鍵尋求協助，不料，「緊急服務處」的人員竟然處於星期天休假的狀態。我一向是緊張大師，這時急得都快哭了，我做了個深呼吸，拼命告訴自己：「冷靜！冷靜！冷靜！」

我試著去敲隔壁房的門，有個女孩來開門，東方面孔，會不會是台灣來的？「不幸」地，她是個不懂中文的日本人。我心中的緊張焦慮更甚，原本就不行的英文顯得更破，但這位日本女孩子頻頻示意我不要著急，慢慢說。

好不容易，破英文＋肢體語言＋寫漢字，她終於弄懂我的意思。她帶我到明天集合的地點，也帶我造訪了宿舍的廚房和自助洗衣店，並親自到電腦教室指導我如何登入私人帳號。從那天起，她成了我的好友之一，總是在我最窘迫、緊急時，適時伸出援手。

返台後，我經常拿著她的照片告訴朋友，若我身處沙漠，她總是許我一場及時雨。這個日本女孩子叫做美和子，原本在日本從事護士工作，因為想轉換工作跑道而決定到英國加強英文。

由於適逢暑假，學校將宿舍提供給外國遊學生使用，而我住的「Goldney Hall」，就是布里斯托大學的其中一棟學生宿舍，今年暑假住的都是與我在同一個語言中心上課的遊學生。

破破英文被留級

離台前，台灣天氣熾熱，久旱不雨。沒想到，初訪英國，就遇上一波小寒流，且久雨不歇，第一天至語言中心報到，還吹壞了雨傘。氣候迥異的狀態，讓我立刻染上了小感冒。而我就在輕微發燒的情形下熬過聽、說、讀、寫的分班測驗。

首先，是一百題的選擇題，考的是文法和邏輯。交卷後，寫一篇兩百五十字的自傳，再由一位老師進來陪你聊天，測試聽和說的能力。第二天，佈告欄就會公佈你所屬的班級。但，糊塗如我，竟擺了一個大烏龍。

■學校每星期都舉辦「boat trip」活動，我因怕水而從未參加。

老師一一點名後，發現我是跑錯教室的學生，老師深怕我聽不懂，還一字一字拆開來慢慢說，要我去樓下找辦公室行政人員確認我的班級。行政人員問我：「Tell me your family name.」天啊！離開學校三年，竟然連family name 是什麼都不知道，我很誠實的告訴這位漂亮親切的小姐，我不知道family name是什麼，但我憑早上的記憶在佈告欄上指出了我自己的名字。原來，我的班級是在另一棟大樓，拿著簡易地圖，我總算找到了所屬的班級。

班導師名叫安德魯，是語言中心裡很受歡迎的男老師。經過修飾的英文發音極美，金色捲髮，眼珠藍中帶綠，身高足足有一百八十公分，運動家的外表，卻難掩書卷氣息，很多東方女孩都將他視為夢中情人，甚至有許多小女生遠遠見到他，就會立刻尖叫又揮手的要他快點過來；不諱言，當我打開教室的門，第一眼照面，心中也是直吶喊著：「天啊！沒看過這麼帥的老外，連手毛都是金色的。」

不過，現實是殘酷的。我就是被這個「連手毛都是金色」的帥老師給留級了！

回想起第一週的上課情況，不只反應慢別人半拍，連做練習的速度也差了別人兩倍，被老師點名回答問題時，十題還錯九題。在分組遊戲與討論時，有熱心的同學不停提示我，還使出渾身解數不停地解釋，企圖讓我聽懂，也有幾位學生露出不耐煩的表情。

不過，由於我對英文一點敏感度也沒有，學生間「能力歧視」的現實讓我很落寞，曾有一度，語言中心裡，對我友善的幾乎只有老師而已。也因溝通困難，我的朋友少之又少。曾有「不知情」的遊學生想和我做朋友，但一聽到我結巴到只能說單字的英文，就立刻打了退堂鼓。

外國遊學生喜好成群結隊外出遊玩，像我這種落單的，實在是遊學生中的稀有動物。偶而在宿舍遇到美和子，她親切的一聲：「嗨！」，就是我在遙遠異鄉最奢侈的溫暖。曾有一段時間，每週和我兩位台灣朋友的碰面，就是我一整個星期中唯一的期待，因為，只有和她們碰面，才能暢所欲言地傾吐身處異鄉的甘苦。

第一週的星期五，導師安德魯與每個學生做一對一面談，面對我時，他用很簡單的詞彙，放慢速度：「課程對妳來說難不難？」

我歪著頭想了想：「有一點。」

「以後我們的課程會愈來愈難，但我相信妳能做得很好。」

我有點心虛，實在沒有信心：「或許吧！」

安德魯牽動嘴角微笑了一下，簡直帥得迷死人。「下星期，我們要換班，妳沒問題吧？」

事實擺在眼前，還能有什麼問題？我心裡偷笑。

「那我的新班級在哪裡？」

「若妳放學後，仍不知道新班級在哪裡，就到辦公室來找我！」

上完了第二堂字彙課，老師絲麗兒把我和另外兩位同學叫到前面，告知我們的新班級。

「第一棟大樓一樓，導師是傑森。」

有位日本女孩問絲麗兒老師：「新班是什麼階級？」

「新班級的階級比較低一點……」

不等絲麗兒老師解釋完，這日本女孩很吃驚：「為什麼？」

為了讓我們聽懂，善體人意的絲麗兒老師說話的速度比安德魯慢了一倍：「你們應該到傑森的班級去，他是一個很好的老師，你們也會進步得很快，等你們進步了，就能往上升級。」

原來，我們三個「幸運兒」被安德魯老師給「留級」了！

不過，依我當時的慘況，「留級」對我來說，簡直是天賜皇恩，也因為「留級」，我的學習狀況才日漸步上軌道。

■位於倫敦的Buckingham Gate。

CHAPTER

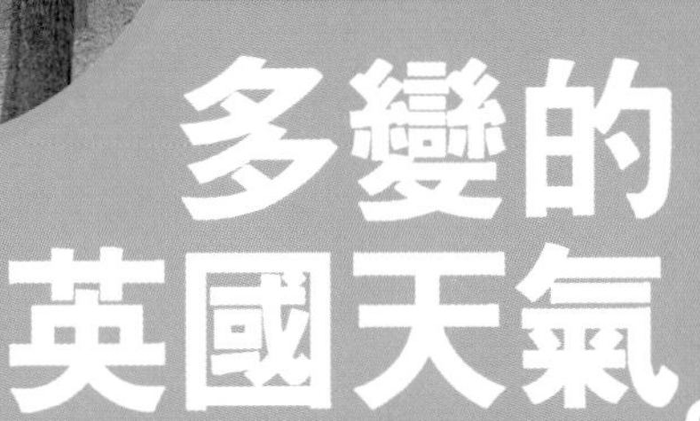

多變的英國天氣。

有時候剛穿上外套，突然又變熱了；
剛收起雨傘，又立刻下起陣雨。

■英國的嚴冬，就是這般陰沉晦暗，難怪英國人冬天不愛出門。

■春暖花開時節，燦爛的花園景色。

英國的多變天氣，如同一個情緒化的女人，時陰、時晴、時雨、多風且潮溼。剛到英國的時候，我幾乎是個生活低能兒，連衣服都不知道該怎麼穿。有時剛穿上外套，突然又變熱了；剛收起雨傘，卻立刻下起陣雨。上床睡覺前，覺得氣候溫暖，蓋了一件薄被就入眠，清晨醒來卻寒冷徹骨，四肢冰冷透徹；還曾經因為怕冷而自作聰明的將暖氣開到最大，結果半夜被熱醒。

因此，到英國第一個星期，我就感冒了。幸好在吃了三顆台灣帶去的感冒藥後，總算恢復健康。

我的預防感冒妙法

出門在外，最忌生病。在陰晴不定的英國，注意保暖是必須的，由於日夜溫差大，夜間穿上襪子睡覺，對預防感冒就很有效果；早上起床，穿上略有厚度的大衣，太陽出來後，再換上薄外套即可。

出門若淋過雨，回到宿舍後，我習慣用台灣帶去的三插頭大同電鍋煮薑母茶禦寒。在英國的期間，我就是用這麼簡單的方式遠離感冒。雖然已是小心翼翼，卻仍因為愛踢被子（早上醒來，棉被已經可憐兮兮的在地上）、貪玩，兩個月後又患了一回更嚴重的感冒。

其實這第二次的感冒算是我「自作自受」。

本來只是很輕微的流鼻水和喉嚨痛，卻因為貪看熱氣球的壯觀，冒著雨跟著同學們去玩，第二天又立刻參加語言中心辦的倫敦行，從倫敦回到布里斯托後，頭痛欲裂、全身酸痛，加上自己太疏忽，不知什麼地方有醫生，便拖著病情，喝了三天的薑母茶，每天仍準時去上課，勉強維持住了病情不再惡化，卻沒有復原的跡象。後來才聽從朋友的建議，去「boots」買了一種「感冒湯」。

感冒湯治感冒

英國對藥物的使用非常謹慎。原則上，若沒有醫生處方，藥局是不會賣給你任何藥品的。不過，這種感冒湯雖然標榜「神速」，其實是以水果的成份居多，藥劑量很輕，因而准許放在一般的專櫃出售。

當我去櫃台付帳時，店員還很親切的叮嚀我說：「千萬不可以跟其他的感冒湯混著喝，一定要依照說明書上的指示服用，更不可使用過量哦！」由此可見，西方國家對藥物的使用有多小心了。這種很像果汁的感冒湯，果然頗具效應，緩解了我的感冒症狀，幾天後就復原了。

「自然療法」真痛苦

後來，和一些在英國留學的朋友討論到英國的醫療時，大家都覺得，到西方國家旅行或留學，常備藥品一定不可少。因為在台灣，只要看了醫生，一定給藥，然而在國外卻不盡然，他們會對來看診的病人做許多檢查，若「不吃藥不會死」，醫生就不給藥。以感冒為例，他們重視的是，你的感冒有沒有其他併發症？或者是否為其他的病情所引起的感冒？如果只是單純的感冒症狀，醫生並不會開藥，只會叮嚀：「多喝水，多休息。」

在他們的觀念裡，傾向「自然療法」，靠自己的抵抗力復原，不濫用藥物，久而久之，抵抗力就會增強，生病的機率自然減少；也為了避免醫療糾紛，才會變成能不給藥就不給藥；但若過份禁藥，病人煎熬的痛苦，真的是如人飲水，冷暖自知了。

曾經有個朋友因跌倒扭傷了腳無法行動，必須「拖」著腳步才能移動，有時甚至得用爬的，原本以為休息一星期就會復原，誰知某日的半夜三點，由小腿到腳跟突然腫得像黑色的鳳梨，室友們全都嚇了一跳，好在有位留學生應用軍中所學的急救法，在她腫大的地方推了幾下，發黑的情況才略有改善。緊急叫計程車送醫時，還不幸的碰到一位惡司機敲詐，表明要付六十七磅才願意載送，所幸再打第二通電話時，好心的司機只要求七磅的價錢。

朋友被送到醫院後，竟然在急診室等了五個小時，照過X光後，醫生還稱讚急救得當，並表示沒有骨折，所以不須給藥，並不停的表示：「No problem！」

回到宿舍，一連幾天仍然疼痛難耐，朋友根本無法去上課，只好打電話回台灣，請她的父母快遞一些藥膏、貼布來英國。

某天，偶然與傑森老師談起朋友的情況，傑森老師表示，其實他們本地人也經常會抱怨禁藥過度，他還說了另一位老師的例子給我們聽。

那位老師的受傷情形和我朋友一模一樣，醫生也是一直拍胸脯保證：「No problem！」但這位受傷的老師不死心，一直上醫院糾纏醫生，表明自己真的很痛苦，終於在第三次上門後，醫生才為他做簡單的包紮，並且讓他拄枴杖。

個人認為，要在西方國家長住，寧可多帶點常備藥，例如：感冒藥、腸胃藥、碘酒……等等，依個人體質和需求而定，以備不時之需，沒用到最好，帶著也有安心定神的功用，一旦有需要時，你就會覺得，自己從台灣帶去的是「天上掉下來的救命禮物」哩！

■英國的秋季，落葉橫舖森林小徑，樹群搖曳生姿。

ROCK
PICCADILLY THEATRE
13
ROCK
PICCADILLY THEATRE

CHAPTER

英國的交通。

在台灣，
早已習慣抱著「戰戰兢兢」的態度過馬路。
來到交通井然有序的布里斯托後，
過馬路的不適應，
是從來不曾有過的。

■西方政府徹底推行行人優先政策。

■車輛禮讓行人，行人也需遵守交通號誌的指示。

曾跟團去過日本和新加坡旅遊，對他們井然有序的交通十分難忘。若你等著過馬路，司機遠遠的就會放慢車速，在斑馬線旁停下來讓你先過，不像在台灣，車輛與行人總是爭相搶道，驚險百出。而在英國，同樣實施禮讓行人的政策，機車也非常少。

計程車要用call的

和台灣非常不同的是，在這裡，計程車不是滿街跑，大部分都要打電話叫車，總讓我在招不到計程車時，特別懷念起計程車滿街跑的台灣。

若想要攔路叫車，就必須到特定的計程車招呼站，等候排班的計程車。不過，候車站只有在人潮多的市中心、機場、長程巴士站和地鐵站才容易找到，住在郊區的人，只能打電話叫車，因此常見貪心的司機，欺負外國人不懂當地的車資付費規則，而趁機狠狠敲詐。

英國的計程車比台灣大了三分之一到兩倍不等，車門寬大，方便載運旅客的大行李；至於車資，在台灣約七、八十元的路程，則要五磅（約台幣三百元）左右，司機大多會自動加上小費。大多數的英國人辦起事情來慢條斯理，唯對索討小費一事毫不忸怩。

在伯明罕，我就曾有被計程車拒載的經驗。並非短程，而是因為我們三個人行李多，又太重，司機寧可不賺這筆錢，任憑我們怎麼苦苦哀求他行個方便，司機仍是狠心拒絕。好在最後遇到一個好心的印度司機，願意讓我們搭車，還不收我們小費，而且在到達目的地後，熱心地下車幫我們搬行李。

在英國，不收小費的服務人員真是一大奇葩。由於實在太難得，在遇到不肯收小費的司機時，我們反而硬要他收下小費呢！

「行人優先」不是夢

過馬路時，我總習慣性地對守法的司機說謝謝，有不少人反而投以莫名奇妙的眼光看我。談到「行人優先」的交通禮儀，也曾發生過有趣的小插曲。

有一回我等著過馬路，從台灣帶來的習性，讓我仍是習慣性的想讓車子先過，一輛轎車在斑馬線旁停了下來，當時初到英國的我還講不出完整的英文，只好比手劃腳請他先過，但車裡的老外似乎氣極敗壞，亦是比手劃腳，嘴巴一開一合，說了幾句我聽不懂的英文，一直往我即將通過的方向指，一個行人，一個駕駛，磨耗了老半天，我才忽然領會過來，對方是示意要讓我先過。

我對他說了聲：「Thank you！」快速通過斑馬線。或許他會想，怎麼有這麼笨的東方人呢！然而，另一次，可沒這麼幸運了。

被台灣的交通嚇怕了，我早已習慣抱著「戰戰兢兢」的態度過馬路，剛開始來到交通井然的布里斯托，真的是「適應不良」。當我再度停在斑馬線旁準備「禮讓」時，一輛拉風的紅色跑車快速剎車，車裡的年輕英國人探出頭來，大吼：「Don't stop！go then！」當我通過馬路後，脾氣不佳的駕駛又罵：「Shit！快遲到了！都是妳害的！」罵完後才揚長而去。

雖然他們講究行人優先，不過，偶爾當然也是會碰到不遵守交通規則的司機，照樣與行人搶道。我就曾見過酒醉駕車的司機在街道蛇行，也見過一隻松鼠被車輾得稀爛。總歸來說，在英國生活的三個月，過馬路的不適應，是從來不曾有過的。

國內交通事故頻傳，禮讓行人的司機卻少之又少，更有甚者，若無交通警察站崗，即使是紅燈，照樣駕車呼嘯而過，行人的生命安全保障實在堪憂。與國外的交通相比之下，難怪有人會語重心長的表示，在台灣敢開車，就可以拿國際駕照了。

台灣做得到嚴格實行騎機車戴安全帽，也能貫徹禁用塑膠袋的政策，現今「行人優先」政策已逐漸落實，相信有朝一日，台灣的交通路況一定也能與國外一樣好。

■比起其他城市，倫敦的交通較為複雜。

CHAPTER

英國人的辦事態度。

遇到「休閒至上」的工作人員，
他們的辦事態度，眞令人不敢恭維，
甚至啼笑皆非。

■以為這種美景只有大洋洲才有，沒想到在英國也能見到。

總覺得英國人的辦事態度很兩極化的，工作認真的人做事一板一眼，都有自己的進度規劃；相反的，工作懶散的人，則會把人氣到腦充血。

我還觀察到，在工作崗位上擔任較高職務的人，大部份做事較有責任感；而那些做事漫不經心的，則多半是較基層的職員或公務員。

立法從嚴，執法從嚴

語言中心裡的三巨頭——約翰、瑪莎夫妻及布魯士，他們的工作態度一絲不苟，特別是班主任約翰，連說話都一板一眼。我曾在無意間撿到一份「機密文件」，是他寫給所有老師的守則，文內明訂老師的教學方式，規定老師必須在上課鐘響前一刻進教室，最起碼，在鐘響完後，一定得站在教室內；並嚴格禁止老師提早下課。每位老師在下課前都必須點名，在登錄簿寫下教學內容紀錄。可想而知，這絕對是語言中心的規定。雖然這些規定看起來很平常，但所訂下的紀律卻絕對會徹底實行，他們真的是「立法從嚴，執法從嚴」。

每天都可以看到比學生早到的約翰，先在他的專屬辦公室辦公，然後再到其他兩個分校巡視，他記得每個學生的名字、國籍，遇到每個學生，都會親切的打招呼，很認真地尋問同學的適應情況。

他的妻子瑪莎，微笑是她的招牌。只要約翰出公差，她便全權代理約翰的工作，每天早上，都會看到她站在學生必經處打招呼；下課時間，也常看到她與約翰在樓梯口或學生教室、學生休息室巡察，「監視」學生們是不是遵守「Speaking English all the time」的規定，也會細心聆聽學生的談話，以便了解大家的英文程度是否有進展。

至於布魯士則是一位高大、留鬍子的中年紳士。因為長相嚴肅，學生們比較不敢接近他，老師們也對他又敬又怕，他真的很適合擔任訓導學生

■英國有名的特法拉廣場，為了紀念納爾遜將軍而建。

的工作。他是約翰的合夥人兼得力助手，上、下課鐘聲都是他負責敲的，從未延遲。若看到哪位老師忘記關門，他就會警惕性的拍門提醒。

經過布魯士的辦公室，從沒看過他沒事做的時候，我曾在門外觀察過他辦公的樣子，投入工作時完全不苟言笑，不急不徐，看得出來，同辦公室的行政小姐都倍感壓力。

記得有一次，我與馬來西亞和日本遊學生在學生休息室聊天，布魯士正好進來貼海報，但我們並未多注意他，誰料他突然糾正我剛才唸錯的一個英文單字，原來，我們剛才所說的話，他完全一字不差的聽在耳裡呢！

休閒至上的人生觀

這些工作一絲不苟的工作者，他們的服務品質讓人心服口服，但若遇到「休閒至上」的工作人員，他們的辦事態度，還真令人不敢恭維，啼笑皆非，甚至有的還令人氣得七竅生煙呢！

曾有一次我去辦青年旅館卡，在填寫完英文姓名、地址、電話、電子信箱等個人基本資料後，工作人員便交給我一張青年旅館卡以及書面單據等等。才短短幾行資料，她竟然就打錯了三個英文字！我要求她修正好再

■國家藝廊館藏豐富，有文藝復興時期畫作，以及浪漫派、印象派名畫。

拿一張新的給我，想不到她卻回我說：「沒問題啦！妳去青年旅社，只要給他們看卡就行了，沒人會看這張單據的！」

還有一次，我和朋友在伯明罕的旅社住了兩個晚上，刷卡結帳的時候，旅館服務員查了電腦後，竟然說：「妳們住了兩個晚上，包了四天的早餐，所以一共是……」。

我一聽，連忙打斷她：「不對！我們只住兩個晚上，怎麼可能吃四天早餐，妳能不能再確認一下，因為我們只吃了兩天的早餐。」服務員半信半疑，定睛看了看電腦，才「恍然大悟」：「哦！對不起，是兩天的早餐。」

這些行政上的小錯誤雖是常有的，至少無傷大雅。但另外兩個準備在英國留學的朋友，在申請宿舍的時候，遇到漫不經心的工作人員，就真的讓人急壞了。朋友一個月前就提出宿舍申請，但學校一直都沒有任何通知，打電話去問，總是叫人再多等些時日，自然會有結果。

眼看布里斯托的課程就要結束，伯明罕當地的學校又沒消息，朋友姐妹於是展開天天緊迫盯人的攻勢，初期是每天一通電話催促，但收到的訊息都是要她們再等通知的渺茫說詞。拖到最後，是用最笨的方式爭取到宿舍，每個小時都打一通電話對這些不負責任的學校行政人員「疲勞轟炸」，一天五、六通打下來，她們也火了：「不是說過要妳們等通知嗎？拜託！妳們別再打了好嗎？」

若真的依她們的意乖乖等通知，最有可能的結果是，不但沒宿舍住，還可能連課程的申請也不下來。申請到宿舍後，朋友原本以為就可以「高枕無憂」了，孰料，到了伯明罕大學，卻因為未簽約而領不到鑰匙，無法搬進宿舍，到了指示的簽約地點，卻發現竟然有一千多位留學生，提著行李等著簽約。

當時我跟著她們到伯明罕大學，因為無法把行李搬到房間，我焦慮地幫她們看了五個多小時的行李，因為英國小偷多，讓我一步也不敢離開，總算朋友在五點前簽了約，領了鑰匙。但現場還有數百名留學生無法住進宿舍，行政人員竟然以「下班時間到了」為理由，要這群學生明天再來。任憑大家苦苦哀求，她們仍無動於衷，反而覺得這群留學生防礙了她們下班，完全無視於這些人生地不熟的學生可能就要露宿街頭，或被迫住進昂貴的旅館。這樣的辦事態度，讓朋友語重心長的說：「難怪歐洲的經濟比不上亞洲！」

　　這些氣人的現象在台灣鐵定是「奇人奇事」，這些散漫的工作人員，若是在台灣恐怕早已被炒魷魚了，哪可能安然無恙地保有工作。在英國，雖然不是每個人的工作態度都這麼不負責任，但經歷過幾次後，自然就「麻痺」了。

■喜愛休閒的英國人，對景觀設計也很有規劃，打造「休閒」空間。

CHAPTER

英國的治安。

在英國，小心的人不見得安全，
不小心的人一定惹事上身。

■秋涼時分，此景可入詩畫，但，可別為了貪看景色而少了警覺……

■英國的小偷手段高明，這位把東西放在背後的仁兄要多小心。

曾有警察赴布里斯托大學演講，要留學生注意自己的安全，然而有位大陸學生卻表示，他經常玩到三更半夜，什麼事也沒有發生，警察不可思議的表示，這個學生實在很幸運，因為這些留學英國的外國人，對當地不熟，語言不夠精通，其實很容易成為歹徒下手的目標。

什麼叫做「很多流浪漢」

以前總覺得，在台北鬧區經常看到很多流浪漢，但等到了英國，我才知道什麼叫做「很多流浪漢」。

第一天走在英國的街頭，約當地時間傍晚五點左右，經過地下道，就看到三個乞丐拉著破被子乞討，其中一個像是吸過毒品，兩眼呆滯，空洞地瞪著行人瞧，那表情怪可怕的。出了地下道，又看到麥當勞門口倒著一個醉漢，完全不醒人事。

正想抱怨：「英國的流浪漢怎麼這麼多？」時，朋友竟然說：「真的很驚訝，布里斯托的乞丐這麼少？」後來去過倫敦，我終於知道朋友說的是真話。因為倫敦的乞丐是正午前就出現，店門還沒開，就蹲在門口「排班」，甚至大方的伸手：「Some change, please！」。

這些情形英國人們視若無睹，只有像我這種被家鄉寵慣的人，才會覺得驚愕，但久而久之，我也習慣了，只是從未施捨過一毛錢。原來，台灣的流浪漢已經很少了，比起英國，真是小巫見大巫。

破筆記、舊鉛筆盒都有人偷

在台灣，十一點回家不算什麼，甚至有人玩到三更半夜才倦鳥知返。但在英國，我晚上七點之後絕對不敢單獨出門。英國的夏天，晚上八、九點天才暗下來，很多商店卻在六、七點就都已準備打烊，街上人煙稀少，晚上九點過後，就是夜生活族的天堂了，呼朋引伴去PUB喝酒跳舞，PUB內播放著動感音樂，彩色燈忽明忽亮，站在門外也覺得刺眼。我已習慣規律的生活，夜生活註定與我無緣。

曾參加過語言中心的派對，一群人在PUB玩到半夜兩點，回宿舍途中，一路上真的很靜，若不小心翼翼，很可能會踩到露宿街頭的流浪漢。PUB內熱歌勁舞，街道上卻一片死寂，形成強烈的對比。

常聽到很多學生在倫敦遭小偷的慘事，丟掉的東西，即使報警也找不回來，英國的搶匪少，但也不是絕對沒有。就曾有人在倫敦遇到搶劫，歹徒持槍命令他把錢交出來，搜過全身，只有一張五英磅的鈔票，搶匪還嗤之以鼻：「Poor man！」就把鈔票扔還給他，揚長而去。

我很幸運，不曾遇過小偷，但聽多了朋友的慘痛經驗，在掏錢時總特別小心，絕不敢像在台灣那樣，大方的把皮包打開，再把錢交給店員。我一定在出門前，先算好今天要花費的用度，放在外套口袋內，而且固定放在同一個口袋。朋友的母親，在我出國前一天特地打電話給我，要我準備一些旅行支票，對於旅遊的人來說，帶著信用卡和旅行支票比帶現金有保障，因為西方人絕對無法模仿中國字。

誰知即便如此小心了，還是出了點小事。我的破筆記本在坐上開往巴斯的長程巴士時被偷了。我親自跑到巴士站去找，也請語言中心的老師幫忙，仍是無功而返。對於這位竊賊所偷的東西，實在感到不可思議，因為這是我的上課筆記，字跡凌亂又潦草，還加上許多中文註解，差兩頁就寫滿了，偷這種毫無價值的東西做什麼呢？實在讓人想不通。後來又聽到有人連舊鉛筆盒都被偷，更是令人匪夷所思。

聽到有人抱怨台灣的治安差，多的是殺人搶劫案件，我耳濡目染，曾認為台灣的治安真是差極了。但如今，我收回之前的想法，甚至想為台灣的治安平反一番。因為，在英國，小心的人不見得安全，不小心的人一定惹事上身。因此，凡事謹慎為妙，遭小偷不算太倒楣，若真遇上強盜，寧可破財消災，乖乖把錢交出去，保命要緊。

用餐時間，我很習慣的打開新聞頻道，發現國外的新聞很少有對當地的負面報導，三個月下來，竟然只看到一則姐妹花虐死命案的事件上電視，其他社會亂象的新聞都沒見到，實在不禁佩服當地的媒體，不以負面新聞造成民眾恐慌的自律。

■井然有序的街道，有時暗藏危機，不可不慎。

英文，那個讓我曾經害羞面對的傢伙。
現在，我決定丟掉怯懦，直接與它真情相對。

＊西方教育　＊我是如何學英文　＊班主任的信

■溫莎古堡王室外宮。

西方教育。

這三個月的語言課程，
讓我真正見識到東西方英語教育的差異，
而非如從前僅止於「神往」。

■劍橋大學。

■語言中心每個月都會在pub辦舞會或迎新會。

我和兩位同學到新班級報到時，發生了一件令人啼笑皆非的小花絮。

第一堂課上了一半，我發現課程怎麼比上星期更難，更令人不知所措。

老師突然問我們：「你們的新導師是傑森還是馬丁？」

「傑森！」

「對不起，我是馬丁，妳們三個跟我來。」

原來，安德魯老師出了小差錯，老師的名字是對的，教室卻是錯的，這下好了，原本要被留級，竟然反而「光榮」地升級。

我一聽原來是走錯教室，才鬆了一口氣。

馬丁老師將我們帶到地下一樓的教室。

「嗨！傑森，這三個是你的學生！」

我們三個人，就這樣被拋進了新教室。

語言中心的英語學習規劃是每星期一至星期五早上為文法、聽力、發音的課程；星期一、三下午是英文寫作，均由班導師授課；第二堂課則換別的老師上字彙課，這也是我叫苦連天的一門科目；星期二，四的午間，低階學生由新老師訓練會話能力，高階學生則可選擇商用英文、英國文學、英國文化、歐美電影、英語會話等選修課程，需要準備考試的學生，還有另外的考試加強班。

這三個月的語言課程，讓我真正見識到東西方英語教育的差異，而非如從前僅止於「神往」。依據我的學習過程，大略可歸納分為以下七種方式：

引導式

英語程度不佳的學生，識字率有限，這時考驗的就是老師解說的功力了。

學生最常問的問題不外乎是困難的字彙，老師必須準確判斷這個學生的程度，到底懂得哪些字彙？再依學生的字彙量來解釋此單字。不然，就得靠肢體語言。

例如，我曾問安德魯老師，「possession」是什麼意思？

安德魯老師指著我桌上的鉛筆盒：「這是妳的，不是我的。」

然後又指著我桌上的書本：「這也是妳的，不是我的。」我立刻恍然大悟，「possession」指的是財產。也曾有另一個學生問傑森

■劍橋大學一角。

老師這個單字，傑森老師的解釋更簡潔：「這個字指的是，你的東西。」

級別愈低的學生，識字率愈低，對老師的教學功力，更是一大考驗。若老師未能依學生的程度精確判斷學生的識字率，再多的解釋，都只會將學生導入更深的謎團。

圖解式

一、圖解生字：

語言中心裡的老師，絕不能是繪圖白癡。因為有些生字實在難以口述或表演，特別是動、植物。此時，老師的繪畫技巧就派上用場了。

死背單字是我早年事倍功半的讀書方法。其實，只要配上圖片，記憶的深刻度就會高很多。記得某堂字彙課的主題是「客廳」，傑森老師拿著客廳的影印圖，要同學試著將生字與客廳的器具配對，同學們兩人一組，一人口述，一人畫出對方家裡的客廳，雖然畫得四不像，但也見識到不同國家的客廳的不同擺設方式。很多生字，也在無形中留下深刻印象，真可謂一舉數得。其他諸如介紹人體器官、寵物、廚房、睡房……等，也都是用圖片來幫助學生建立字彙能力。

我曾在語言中心花了十磅買下彩色圖畫字典，至今仍常隨身攜帶，搭火車、捷運時，就靠它打發時間。

還有一個很有趣的遊戲。凱薩琳老師要求同學們三人為一組，發給每組一張沒有五官、衣飾、髮飾的人物簡圖，然後要同學們推派一人負責畫圖，另外兩人負責到教室外看圖片，負責解釋給畫圖的同學聽，為畫中人描出五官，穿著打扮，最後對照哪一組的圖片最接近老師的完成圖，便是這個遊戲的贏家。

二、圖解文法：

文法一向是外國學生最頭痛的一環。學生來自世界各國，難免將本國語言的文法或慣用語法，加諸於英文文法，因此便產生了所謂的「中文式英文」、「德國式英文」、「日本式英文」、「韓國式英文」、「義大利式英文」……。

在文法中，我最頭痛的就是時態。特別是中文裡所沒有的「完成式」。舉再多的例子，做再多的比較，都不如畫個簡圖來得清晰明瞭。一直到今天，我仍然忘不了，老師講解文法課時，將所有的英文基本時態圖解說明，很自然的依據簡圖辨認出各種時態的相異之處；更妙的是，我還曾看過一本語言中心的專用教科書，竟然是用四格漫畫來解釋文法呢！

■美術館資料豐富，對想學英文的學生來說也會有異想不到的收獲。

校外教學

學生走出教室，街上來來往往的英國人，全都是這堂課的老師。這四次校外教學經驗，果真刺激，至今難以忘懷。

第一次校外教學是在馬丁的英語會話課。全班十三人氣喘噓噓的爬上「Carbot Tower」。

「Carbot Tower」是布里斯托著名的地標，建造於一八九七年，為慶祝John Cabot由布里斯托起航，經大西洋發現北美洲的四百週年紀念，站在「Carbot Tower」最頂端俯視，居高臨下盡覽布里斯托的風情，你必能體會「風景如畫」並非詩人的幻想，而是真有那種置身畫中的錯覺。

「Carbot Tower」的每一個方位都刻上了布里斯托當地的重要路標、方位和距離，這堂課的作業，就是記下這些重要資訊。「Carbot Tower」的樓梯窄而小，下階梯時須特別留意，免得發生「一人跌倒，全體遭殃」的骨牌效應。

■週末學校旅遊，我擅自脫隊來到「green park」。

還有一次令人難忘的校外教學，馬丁老師要我們拿著問券請路人填寫，並對填寫者做簡短的

面談，主題是：「什麼事情對你來說最重要？」共計有婚姻、家庭、朋友、金錢、宗教和政府等選擇。馬丁老師要我們兩個人一組，拿著問券在超市附近徘徊，有些謹慎小心的人唯恐避之不及，尚未走近，便立刻說：「抱歉！」或者「我很忙。」匆匆逃避混入人群中，我們只有再找下一個目標。

我是和一位來自斯洛伐克的修女一組，很驚喜的遇到一個很喜歡台灣的英國老紳士，不只親切的填完問券，還直誇台灣是一個「非常好的地方」，他有機會還要再去。身在異鄉，經歷過種族歧視的不快後，突然聽到有人真誠地讚美自己的國家，內心湧上的是身在國內未曾有過的深刻感動。

■這裡是威廉、哈利王子唸過的貴族學校。

有一組同學的情況最特殊。一位受訪的英國男士對「婚姻」這個選項有意見，遲遲不願填寫，在兩位同學緊迫釘人的追問下，他說：「我是同性戀，婚姻對我又有什麼重要性？」聽兩位同學說，這位男士對他們坦承自己的「性向」，十分沾沾自喜，絲毫無忸怩之態，讓人對於英國人的開通觀念印象深刻。

最刺激的一次校外教學，則是在傑森老師的課堂上。他把我們編成四組，每組持有四張照片和一張地圖，全是位於學校附近的景物，我們必須負責把四個地點找出來，並記下路名、路標。

有些照片只是一棟不起眼的建築或商家，甚至是一棵樹，一點眉目都沒有，要從何找起？一個阿拉伯學生提出這個問題，傑森老師說：「你們可以試著問路人，相信在布里斯托住過一段時間的民眾，應該都知道這些地方。一個小時後，大家在第四張照片所顯示的大草原集合。」

一個對自己方向感很有自信的阿拉伯學生自願帶路，我們幾位路癡便跟在他後面，一同求助於路人。也有路人覺得很納悶，我們沒有地址，怎麼就拿著照片在問路？但幸運的，我們碰上好心的路人，替我們詢問商家，四個地點一一被我們尋獲，我們成為最先到達指定大草原的一組，總共「只」花了四十多分鐘。

我們幾個人坐在草坪上，遠遠的竟看到另外三組人跟在傑森老師後面，原來傑森老師「良心發現」，認為這個活動難度高，學生可能難以在指定時間內完成，才出面解救他們。但他看到我們這組成功達成任務，少不了一番稱讚，當然別組的學生也嘖嘖稱奇。

凱薩琳老師是我在語言中心遇過最傳統保守的老師，教學中規中矩，緊迫盯人，與亞洲的傳統老師半點無差。當她突然宣佈抽出一堂課讓我們逛博物館（city museum）時，無人不歡呼叫好。凱薩琳老師建議我們成群結隊，一邊參觀文物，一邊互相討論，但我故意一人脫隊，反正這家博物館我也來過不下五次了。

我一個人盡興逛著，遇到同學與博物館管理員在談話，我一時好奇，湊上去聽。原來是這位管理員喜愛中華文物，曾特地遠征中國大陸搜集各式文物，館內各朝代的花瓶、陶瓷、雕塑、餐具……，很多都是他搜集來的，他也當場秀了幾句中文，例如：「你好美。」、「謝謝。」、「大家好。」。雖然口音不甚標準，但也得到台灣同學的一致叫好。他努力咀嚼中文字的認真表情，讓我絕對相信，他確實是熱愛中國傳統文化的老外哩！

分組討論

西方教育很重視學生的互動，分組討論是每一堂課都有的，有時甚至會佔去一半的時間。不過，老師也不是閒著，而是遊走於各組，聆聽學生的意見，再加入自己的看法，並糾正學生的口語咬字、文法。

學生來自世界各國，背景、文化、環境的差異，發展出不同的邏輯思

■我喜愛倘佯在「大自然的教室」裡研讀功課。

考觀念，老師們對於學生們不同的價值觀所產生的特殊意見，也抱持高度興趣，不斷的問：「Why？Why？」

記得有一堂字彙課，在傑森老師的課堂上，要學生思考一個問題：「你希望現在幾歲，為什麼？」

當時，我待的班級亞洲人居多，單單是台灣學生就有五個。大家的背景差異不大，說出來的答案相差無幾，大多較為保守規矩。例如：

「我希望我現在是個剛出生的小娃娃，什麼都不用煩惱。」

「我希望我現在十歲，每天只要快樂的上學，玩遊戲。」

「我希望我現在是十八歲，過著無憂無慮的大學生活，並且談一場浪漫的戀愛。」

輪到我時，一向喜歡作怪的我脫口而出：「我希望現在是五十歲！」

因為我的發音不是很標準，傑森老師瞪大眼睛：「十五歲還是五十歲？」

「五十歲！」

「什麼，竟然是五十歲？為什麼？」因為每個同學都希望變年輕，我竟然希望變老，不只傑森老師好奇，連班上同學也好奇。

「到了五十歲，我可能已經存了一筆錢，可以不用工作，躺在家裡睡覺或到處旅行！」

過動兒般的傑森老師說：「要是我，寧可出門工作，待在家裡多麼無聊啊！」

我不甘示弱：「不無聊，第一，可以到處旅行。第二，睡覺可以美容。」

有位日本同學說：「年輕的時候不用擔心經濟問題，一切靠父母支助。」

我又提出高論：「不過，愈年輕的時候，父母給予的規矩教條愈多，幾乎是從小到大不斷的規範著，但我希望自由！」

傑森老師笑得東倒西歪，邊說：「很有趣，很有趣！但是快下課了，回家請把講義第 X 頁寫完，明天檢討。」

我嚷：「不要寫作業啦！」

傑森老師藉題發揮：「你們大家看，Jessie不喜歡工作，也不喜歡寫作業，可見她是全班最懶惰的學生！」全班哄堂大笑。

從那天起，語言中心很多學生都知道，我非常「懶惰」。

很多問題其實沒有標準，而是每個人思考的角度不同罷了，經過討論與互動，老師也能在無形中，由學生身上學到很多，達到教學相長的正面意義呢！

表演式

剛到英國時，我的識字率只有國中程度，老師引導式的解說，仍不能讓我聽得懂，遇到我這種程度的學生，老師可真「幸運」。這時老師只能用肢體語言來展現，同時增加教學的活潑度。

例如：曾有學生問卡蘿老師，「through」是什麼意思？卡蘿老師並不解釋，而是走出教室再走進來，以此說明「through」就是指「穿過」或「穿越」。

還有一個例子，我曾問彼特老師，「clown」代表什麼？彼特老師先是請坐在我旁邊的同學解釋給我聽，見我仍聽不懂，他乾脆發揮唱作俱佳的表演功力，做出很多滑稽的動作，並學小丑跳舞，不但把同學們逗得大笑，也讓我終於明白，「clown」指的就是「小丑」。

另一位安德魯老師不只有表演天份，還有模彷天份。曾經聽過他模彷義大利人和日本人的英語，因為實在模彷的太像，直讓義大利和日本同學想揍他一頓，為本國人民出口氣呢！

遊戲式

談到遊戲教學法，可說是上述所有教學方式的綜合，也是語言中心最常使用的教學法。

一、我猜，我猜，我猜猜猜：

通常一個班級被分為兩組競爭，輪流上台抽籤，在不說出這個答案的前提下，由學生以肢體語言或腦海中的字彙量解釋給同一組的同學聽，若能猜出，這個牌就屬於該組，等到最後，哪一組的牌子多，就算是贏家。這種遊戲不僅限於猜職業，也用在猜生字、句子。

二、繪畫遊戲：

這是我最「害怕」的遊戲！因為，我是一個繪圖白癡。

這個方法就是，老師在白紙上寫出一個生字，然後你必須把這個字的意思畫出來。曾經有幾次，輪到我上台作畫，我的筆都還沒動，另一組的同學已經把圖畫得唯妙唯肖，贏了一個點數。我還曾經把馬畫成狗，牛畫得像羊，酒醉的臉畫成生氣的臉……。

不過，有一位名叫瑞曼達的印尼籍修女比我還淒慘，她畫的圖永遠不會超過三個筆畫，就在白板前苦笑，愛消遣學生的安德魯老師最常拿她的圖來開玩笑，並以此造句，例如：「瑞曼達擅於作畫」、「瑞曼達畫的圖最美麗」。

更「過份」的是，他在路上遇到瑞曼達，還會開玩笑的問：「瑞曼達，要不要畫個圖讓我看看啊？」中年的瑞曼達修女常被安得魯老師搞得哭笑不得。

兩個月後，我轉班進入安德魯老師的班級，喜愛他教學方式的瑞曼達修女，還要我替她向安德魯老師說聲：「Hello！」

起先「桃李滿天下」的安德魯老師似乎忘了瑞曼達是誰，但我靈機一動，說：「就是那位很愛畫畫的修女，她的圖愈來愈美了！」安德魯老師立刻就記起那位「畫圖很漂亮的學生」。

三、下棋：

某次，傑森老師帶著棋盤進教室，學生依慣例分成兩組，每組先抽七個刻上英文字母的棋子，接著在棋盤上排出英文生字，由左而右，由上而下都必須符合，才算得分，眼看棋盤上的棋子愈來愈多，遊戲難度也日益增高。

傑森老師被兩組同學喚來喚去。

「傑森，這是生字嗎？」

「傑森，我們拼不出來了，怎麼辦？」

「傑森，這個字這樣拼對嗎？」

一向好脾氣，有耐性的

■愛丁堡的「王子街」。

■雕工精美的倫敦當地建築物。

傑森老師兩邊跑來跑去，不！爬來爬去，（因為我們是在地板上進行這個遊戲的，有些同學根本是躺在地上。）一一擺平我們稀奇古怪的問題！

看著已經快要被排滿的棋盤，幾乎將腦海裡有的英文生字全用盡了，此時，我在角落排出了一個字「as」，另一組的同學有人嚷嚷：「Jessie，妳真狡詐！」

不過，傑森老師反而說：「為什麼不可以呢？as也算是字啊！Jessie！做得不錯！」

這個高招很快被別組同學仿傚，「to」、「in」、「it」……，這些簡單的字一一出現在棋盤上。

一堂課就這樣結束了，傑森老師說，這個遊戲的目的，是讓同學盡量釋出自己腦海中的字彙量，他相信我們都有一千五百字以上的字彙，藉由拼字遊戲，可以將它們激盪出來。

大家小時候應該都玩過跳棋吧？！安德魯老師、凱薩琳老師和傑森老師都曾用跳棋來上發音課。學生兩人一組，依骰子點數移動到所屬音節的字彙，並且要將這個字唸出來，連重音都正確才能前進，誰的棋子先找到自己的家，就算贏了。

四、誰是小偷：

安娜老師是語言中心裡出了名的美女，皇族般的氣質，讓男學生傾慕不已，女學生亦視她為偶像。不過，我可是被自己的偶像嚇過一次哩！

那一天，安娜老師面色凝重的走進教室，語言中心昨天遭小偷，被偷走許多重要資料，包括書籍、電腦磁碟、教學影片……等，全語言中心的學生都有嫌疑，必須一一接受盤查。

常聽說英國的治安很好，只有小偷，沒有搶匪，我也曾抱著僥倖的心態，這下好了，沒遇過小偷和搶匪，倒成了嫌疑犯。接下去怎麼辦？搜身？送警？筆錄？全班一片沉寂，安娜老師的微笑依舊迷人。

「好！現在，A組同學當警察，B組同學當嫌犯。」

安娜老師一宣佈，死腦筋的我才恍然大悟，原來只是「警察捉小偷」的遊戲，我竟然當真，暗罵自己「耍白癡」。我被分到B組，與我的伙伴發明「一致的供詞」，包括昨天兩個人去了哪？做些什麼事？對方穿什麼衣服？吃了什麼……等細碎雜項，套好了供詞，扮演嫌犯的同學被安娜老師「押」入教室，接受「偵訊」。

扮演警察的同學，也是互相套招，想出一堆千奇百怪的問題，試圖揪出嫌疑犯的把柄，包括：「昨天妳的朋友穿什麼牌子的鞋？」、「昨天的晚餐很鹹嗎？」之類的細項問題都出來了。不過，扮演嫌犯的同學亦非省油之燈，只要是發現供詞不一，便以「喝醉酒，什麼都忘了。」推脫。

這造成什麼結果呢？就是——審問了半天，一直找不出「誰是小偷」。

在遊戲式教學法中，最受學生青睞的是一種類似大富翁的遊戲，根據骰子點數移動棋子，所到達的位置可能是造句、表演、朗讀、解釋，甚至要你高歌一曲。若是倒楣，很可能就是退回原點。

不過，雖然遊戲式教學法最受歡迎，但若語言中心缺乏足夠的教具，學生的熱情可是會打折的。

傳統式

傳統式相信是台灣學生最熟悉的方式。不外乎老師在台上口沫橫飛，學生在台下勤抄筆記，除了原本就嚴肅的文法課外，這種教學方式在語言中心裡，其實少之又少。但也有唱作俱佳的老師，即使是傳統式教學，也會把教室的氣氛炒熱，逗得台下哈哈大笑，忘了這是學生避之不及的文法課。

不過，我曾遇過一位女老師，她總是臭著一張臉，文法課氣氛嚴肅，

■想學英文與了解英國文化，就勇敢走出戶外吧！

低氣壓。她在台上唱獨角戲，學生在台下呵欠連連，甚至有學生拒上她的課，她也為此大發脾氣，幾乎比亞洲老師還要傳統保守呢！

CHAPTER

我是如何學英文。

在國外，爲了增進英文能力，
只要有任何說英文的機會，我都不放過，
「可憐」的工作人員，
是否知道自己被一個「不肖」台灣遊學生給利用了？

■藝術建築物近影。

無處不是教室

會以「如何學英文」為題寫作的人，多是聽說讀寫流利的英文高手，而我雖然在語言中心曾做過各種測試，也拿到了結業證明，但還是有許多瓶頸突破不了。或許你會想，這樣的程度還想教別人學英文啊？！

別誤會，我從未想過「教」別人學英文，只是，與人分享學習的甘苦，一向是我樂意且不吝惜貢獻的寶貴經驗。

我不是一個聰明的人，真的，從小到大，「聰明」絕對不是會降臨在我身上的評語，我曾得到的好成績，一定都經過努力；得不到好成績，仍也是經過一番努力。語言中心教得再怎麼好，每天若不抽出一個小時來複習，對我來說，等於沒有學。因為，我一直不相信學語文能一步登天，或能有任何的僥倖。

■英國的夜景。

我的讀書教室在哪？除了語言中心的教室、視聽室、宿舍外，我喜歡變換學習的場所。例如，語言中心的後花園、學生宿舍後空幽的「Goldney garden」，甚至廚房、馬路旁的涼椅，無處不是教室。我還有個習慣，隨身攜帶翻譯機，不論是逛街、逛超市、百貨公司，看到不懂的生字，立即查證，說也奇怪，在台灣永遠背不起來的單字，到了國外馬上就能深印入腦海。

製造「說」的機會

上課的時候，我的臉皮比西方學生更厚，一點都不怕提出任何問題，也不怕提的問題太簡單，會覺得沒面子，要是老師解釋了兩、三遍我還是不懂，我只有一個方式，那就是勇敢的說出：「對不起，我還是不懂，可

■看似不起眼的街道，也是活教室，說不定還會有「奇遇」呢！

以再解釋一遍嗎？」

上課的時候，我就好像回到幼稚園的時期，搶著表達意見，製造「說」的機會，若有任何錯誤，老師會立刻提出糾正，告訴我正確的表達方式。

在台灣，對於街頭訪問避之不及，在國外，為了增進英文能力，我一律點頭答應，只要有任何說英文的機會，我都不放過。「可憐」的工作人員，是否知道自己被一個「不肖」台灣遊學生給利用了？

兒童圖畫書是最好的初級書

為了增進字彙量，我曾試著讀英文報紙，經常讀不到五分鐘，就宣告投降，讀英文小說時，也會發生同樣的情形。我自問，小時候是怎麼學中文的？立即茅塞頓開，衝到書局，找到「兒童區」，津津有味的看著專為三歲小孩設計的圖文並茂故事書。

突然聽到一個稚嫩的聲音哈哈大笑：「媽媽妳看，那裡有個大人在看小孩的書，好好笑哦！」原來是一個六、七歲的金髮小男孩，像是發現新大陸般指著我取笑。

怎麼？誰說看圖畫書是小孩的專利啊？又聽到他在對媽媽說：「她的頭髮好黑哦！」哼！豬頭小孩，我是東方人，擁有一頭烏黑閃亮的秀髮很正常呀！他的母親一面叫兒子閉嘴，一面向我道歉，我笑著對她說：「兒童書文法簡單，又有圖片，對我們這些想學英文的外國人來說很有幫助！」她也很友善的對我微笑，並表示希望我喜歡英國。

我買了一本兒童詩集回去，好像又倒回到幼稚園時代學中文的感覺，賞心悅目的可愛圖片，讓人愛不釋手呵！又狠狠砸下了二十磅，買了一本圖畫字典和中級程度的英英字典，現在帶回台灣，仍覺得受用無窮。

輔助工具交叉應用

記得國中時代，英文老師就建議同學買英英字典，但我的英文老是不及格，覺得買了也是浪費，到了五專唸了商科，也無視於老師的建議，認為電子字典很方便。一方面也想，英文已經夠爛了，怎麼能看得懂以英文來解釋的英文？

語言中心禁止外國學生在課堂上使用電子字典，不懂的生字鼓勵同學們查詢學生字典，我才發現原來英英字典並沒有我想像中的難，所用的解釋字彙也是儘量簡化，不同程度的學生，也有不同難度的字典。

我也看出原來翻譯機裡的中文解釋太片面，若要真正了解某個字彙，仍必須要倚賴英文的邏輯；但我不認為自己該完全放棄對翻譯機的仰賴，雖然它不是最好的學習工具，卻是一項不可多得的輔助。例如，我走在街頭，遇到不認識的字，翻譯機便能滿足我即時的迫切需要。

英文是拿來活用，不是拿來考試的

我一直認為，學習沒有一定的成規，找出自己的問題是最必要的。對我來說，最大的問題就是單字記得太少，以至於很多文章都看不懂，而長句看不明白，則是因為我不懂得分析句型。人最怕的就是不知道自己的問題點而盲從，不但沒有學習效果，反而更讓自己的漏洞加深。

國中的時候，因為成績不佳，我為了把書唸好，買了很多本「如何使成績進步」的書籍來看，也真的貫徹實行，卻落得畫虎不成反類犬的下場。其實，癥結點只在於，我不知道自己為什麼功課差，找不出適合自己的讀書方法。

或許有這些不順遂的求學經驗，才讓我養成腳踏實地的性格，我沒有「小聰明」可以依靠，只有堅持「勤能補拙」，我也一直相信，穩紮穩打的奠定基礎，才不會因為一時的荒廢而消弭所有的記憶。

再度憶起，以前在台灣是怎麼教英文的？由國中、高中到大專畢業，上課的第一步就是老師帶領著同學唸生字，大家像應聲蟲似的跟著老師唸一次，唸完了生字，換唸片語，最後的重頭戲就是，老師逐字逐句翻譯課文，同學在台下猛抄。遇到好一點的老師，才會教導同學分析句型。死板的教學方式，當然讓人提不起興趣，進步效果有限了。考試得了高分，也只是表面，出了國，面對外國人，照樣開不了口。

事實上，也不能責怪台灣的學生，在無法跳脫智育迷思的教育體制下，執著的是考券上的分數，然後惡性循環。學了幾十年的英文，也覺得自己的英文很破，在經過國外英語教學的激盪後，才讓我真正體會到，英文是拿來活用，不是拿來考試的，學語文應該是很美好的事，而不是拿來作學業競爭的。

要我像學生時代，坐在書桌前死背單字、片語，我根本坐不住。

我常到愛買挑選具中、英文字幕功能的DVD，一邊欣賞精采的故事，一邊揣摩演員的台詞，一部電影看熟了之後，再買第二部，無意間也逼迫自己適應不同的口音；或許人真的有所謂的「劣根性」，學起罵人的粗話，還真的一學就會。更有趣的是，在與外國人交談時，我竟然也能自然而然「背」出電影中的台詞呢！

■約克的人氣僅次於倫敦，圖為約克街景。

學語文，犯錯是很正常的事

「英文」之所以成為國際語言，不單是美國的強大，更因為「英文」是所有語言當中最好學的，因此只好用它來「統一」。請教過很多英文流利的專家，學習英文的方法，不外乎是多練習，給自己一個英文的環境。

遊學英國三個月，我的英文仍然「不算好」，但令人欣慰的是，經過以鼓勵代替懲罰的教學方式後，我不再怕英文，不再怕犯錯。

張雅琴小姐說得很有道理：「怕錯、不敢開口的人，絕對學不好英文」。學語文，犯錯是很正常的事，一點也不丟臉。

沒有人天生就會某一種語文，就連自己的母語，也不是一生下來就會說的；國外的老師鼓勵學生回答問題，只要同學答對，一定給予讚美；若答不出來，或答錯，也不會讓同學感到丟臉，這種愛心的教育方式，逐漸喚醒了我沉睡已久的自信，讓我真正明白到學英文也可以是很快樂的。

班主任的信。

「Speaking English all the time.」

■牛津大學。

■熙來攘往的倫敦街頭。

語言中心有個嚴苛的規定——「Speaking English all the time.」

除了貼在學生宿舍的廚房，也貼在中心的公告欄。不只請授課老師在各班級徹底要求，班主任夫婦也會經常巡堂，「監視」同學們是否遵守這個規定。他們聽到學生們用英文聊天時，也會仔細聽學生的發音，用字遣詞，若有不當的用法，或錯誤的發音時，便立刻提出糾正。

請說英文！

當時，我們班正好有五位台灣人，下了課，別的台灣學生常跑來我們班找他們聊天、吃零食，就好像一個小型的台灣「party」，班主任約翰經過我們班，都會好奇的站在門口，問：「哦！好多台灣人，你們在說英文嗎？」大家養成一個默契，一律說：「Yes!」並且拼命點頭，拍胸脯保證。

說來「慚愧」，語言中心裡的台灣學生雖多，除了我以外，大家都來自於同一個代辦中心，若我想打入他們的圈子，其實是很困難的一件事。或許是生性獨立，過慣了獨行俠自由自在的生活，我也並不想成為本國團中的一員，跟我密切往來的本國朋友，只有陪我到英國的姐妹花而已。

一日，下了課照例回到宿舍，突然發現了一封由門縫塞進來的信，原來是班主任寫給所有住在「Goldney Hall」的學生，信件內容如下：

各位親愛的同學們：

我眞誠的希望，你們喜愛語言中心安排的所有課程。

最近，我們擁有好天氣，以及住在「Goldney Hall」所帶來的美好生活。

但，有件事情，我急需你們的幫忙。你們是否記得，當你們第一天到校時，就被規定隨時隨地都要說英文，而暫停自己的母語呢？我很明白，對你們來說，這個要求或許有一定的困難度，特別是放學回到宿舍，讓自己放輕鬆的時候，以及與本國學生在一起之時。

但你們必須記得，我們的學校是提供給熱切想學英文的學生一個良好的學習環境，因此，當你們聚集在廚房準備做菜時，也不要用自己的母語聊天，若有人犯了這個錯，請務必提醒他們：請說英文！

我們不希望本國團體的建立，因爲這對想學英文的人來說，是一種莫大的損害；我們由衷企盼的是一個和樂的國際大家庭。我確定你們能了解。

記住，若你希望我們能爲你做什麼，我們總是在這裡，等著幫助你們，不論有什麼困難，一定要讓我們知道。

祝大家有個愉快的週末。

班主任 約翰 敬上

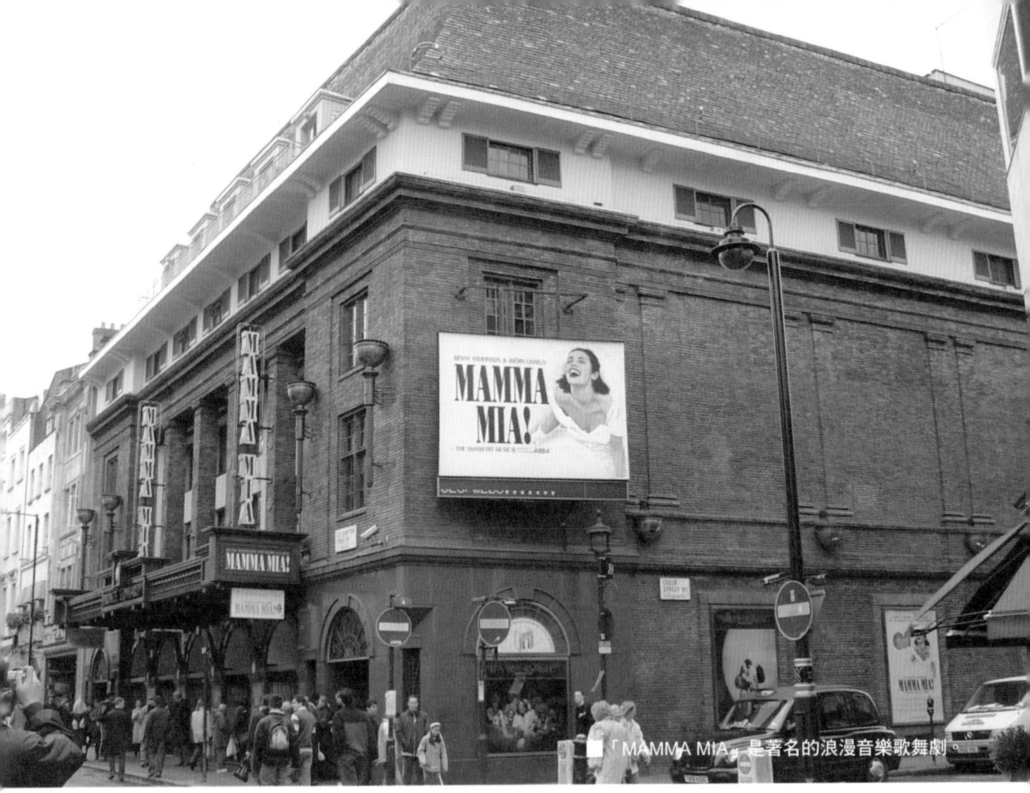

■「MAMMA MIA」是著名的浪漫音樂歌舞劇。

英文其實可以很簡單

這封信的文句很簡單，只要有國中英文的程度都能看懂，許多遊學生看完後，就扔進垃圾桶，但我卻將這封不起眼的信視為珍寶，逐字逐句閱讀推敲，想從中學習道地的英文表達方式。英文其實可以很簡單，實在不需要用艱深的字彙、複雜的文法來打擊學習自信心。

這讓我想起學生時代，不少老師喜歡用艱深的題型「考倒」學生，以警惕學生用功讀書。個人倒頗不以為然，我認為語言是要在生活中妥善運用，而不是以考券上的分數來做評論。

至於班主任為何寫這封信？理由眾說紛紜，不過，據經驗，最有可能的原因是，本國團實在太多，大家聚在一起說著自己的語言，造成他國學生的不便，以及不受重視，就一狀告到辦公室去了。

The PHANTOM of the OPERA

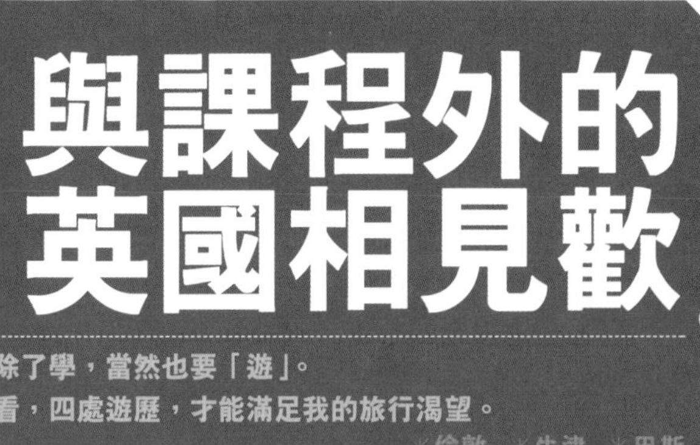

與課程外的英國相見歡。

遊學，除了學，當然也要「遊」。

走走看看，四處遊歷，才能滿足我的旅行渴望。

＊倫敦　＊牛津　＊巴斯

＊Wookey hole　＊布里斯托

■「歌劇魅影」在倫敦名劇院「Her majestys theatre」開演。

CHAPTER

倫敦。

我愛她集藝術、歷史、景點、時尚……於一身，
手持一日旅遊地鐵卡，便能玩得盡興忘歸。

■Greenwich（格林威治）的Painted Hall。

■白金漢宮樂儀隊表演。

到了英國，怎能略過首善之都——倫敦。

四次造訪倫敦，讓我對這個世界名城又愛又恨。

我愛她集藝術、歷史、景點、時尚……於一身，手持一日旅遊地鐵卡，便能玩得盡興忘歸；任你遊覽名勝、尋訪古蹟，亦能倘佯在綠野遍地的公園內小憩，舒緩疲憊身心；若有閒情雅緻，不妨偶爾當一個「有氣質」的台灣人，聆聽音樂會、觀賞歌劇。

慵懶的午后，選擇一個優雅的茶店，找一個視野最好的位置，喝杯英式下午茶，過一個清閒的下午。若你喜歡血拼，倫敦也是一個「購物者的天堂」，百貨公司、購物中心、各式精品專賣店、甚至街頭擺攤販賣的生意人，都可能讓你刷爆信用卡。

倫敦的旅遊點之多，提供了多樣化的選擇，滿足不同的旅客。

走在熱鬧喧嚷的街上，若不是「倫敦大火紀念碑」為證，教我如何相信，這個城市曾因燎原星火近乎全毀？

既然如此，我為何會「恨」這個城市？

由於大部份的時間都待在布里斯托，早已習慣當地稀少的人群、單純的氣氛及悠閒的步伐，但畢竟倫敦是個商業大城，人群擁擠，有時甚至「寸步難行」，還必須慎防被扒手盯上。在這個忙碌的城市，心態自然猶如「自掃門前雪」般的冷漠。

不諱言，第一次跟著語言中心到倫敦遊玩時，著實被那髒亂的街道給嚇了一跳，不敢相信倫敦的街道上竟然有這麼多狗屎，垃圾溢出垃圾桶，遠遠的便見路人紛紛掩鼻而行。

想起有台灣遊學生批評台北髒亂吵雜，有個衝動想請他們來比較看看，台北已經很乾淨了。

不過，第二次造訪，這些難堪的景象就消失了，也讓我真正用我的心來觀察倫敦。

■parliament square，位於倫敦市區。

倫敦地鐵站

倫敦地鐵是世界最古老的地鐵。線路、站名很多，佈局複雜如蜘蛛網，地鐵站底下有如迷宮，即使靠著指標，也可能轉了老半天轉回原地。我曾問過英國的朋友，他們說，連本地人都容易搞不清方向，更何況是外國人？

比起台北的捷運，倫敦地鐵複雜得多，也沒有捷運那麼舒適新穎，反而有種陰暗潮濕的感覺。座椅、地板像是很久未曾清洗似的，不知是不是因為沒有規定不能在車廂內飲食的關係，總覺得車廂內瀰漫著食物的味道，混雜出一種令人難過欲嘔的氣味。或許是百年老地鐵，車子的行駛也不是很平穩。

第一次在地鐵等車，還被在鐵軌內穿梭的老鼠嚇到哩！在台灣時，常聽到朋友埋怨捷運的不好，真想請他們來倫敦的地鐵參觀一下，依我看來，倫敦的地鐵除了悠久的歷史外，其他的都比不上台北的捷運。就連地鐵站的廁所，也不知多久才打掃一次，異味沖天，衛生紙散落滿地，我還曾被臭得受不了而跑到外面去。

雖然，被台北的捷運給寵壞，而對倫敦的地鐵頗有微詞，但是在倫敦，地鐵還是我不可或缺的交通工具。只要擁有一張一日旅遊卡，一張附著地鐵路線的地圖，就能暢遊無阻。每當我和語言中心的師生到倫敦，我總是到了目的地就自行脫隊，依著地圖的指示到處旅遊。

地鐵的便利，也讓倫敦人民產生依賴性。記得有一日，遇上倫敦的大罷工，地鐵停止運作，政府還安慰人民把走路當運動，可達到減肥的效果。當天，原本計劃與朋友到海德公園曬太陽，卻因為地鐵停止運作而寸步難行，只有留在青年旅館打發時間，讓人不禁憶起了那年納莉颱風癱瘓台北捷運後，台北市民同樣也是叫苦連天的慘況。

■壯觀的大笨鐘，是倫敦顯著的目標之一。

國會大廈

雖然是處於英國的夏季，但對於習慣台灣炙陽的我來說，仍微感深秋將至的些許涼意。時已近午，我卻飽食於河堤兩岸嫵媚的風光。沿著泰晤士河，順著河堤，有一系列宏偉的歌德式建築大樓，炫麗大膽的土黃色群樓，巍峨在陽光煦照下，泛金泛亮，莊嚴地座落在倫敦西敏區，醒目在眾遊客的眼光中，猶如走入電影情節。

那就是──國會大廈，英國國會，亦是世界民主制度之起源。

國會大廈擁有七百多年悠久歷史，分為上議院和下議院，英國國會至今仍保留著法官帶白色假髮的傳統，舉行開議時，開放民眾免費參觀，親眼看看議員間精采的論辯。就算不了解英國的歷史，氣象萬千的建築也足夠驚嘆許久了。

■英國國會全景。

國會大廈樓與樓之間聳立著舉世聞名的「大笨鐘」，它是倫敦最顯著的路標。

我是一個路癡，第一次在倫敦迷路時，就是遠遠朝著大笨鐘的方向找到集合地點的。大笨鐘共分東、西、南、北四面鐘，連分針都高於四公尺，西元一八五九年以來精確報時，報時鐘聲雄壯悠揚，似乎向我這個不速之客陳述著英國的文化和歷史。

巨大雄偉的「大笨鐘」，讓人有瞻仰的衝動，總看見許多遊客集合在大笨鐘前不停的按快門，為自己的倫敦之旅留下雄偉的紀錄——連我也不例外。

大笨鐘、國會大廈的模型、明信片經常陳列在商店內，也是很受歡迎的紀念品之一。

西敏寺

國會大廈對面的西敏寺教堂，在英國擁有崇高的地位，一如國會大廈同屬歌德式雄偉建築，自西元一〇六六年以來，歷代英皇都是在西敏寺登基；愛德華王子和莎拉王妃也是在此舉行婚禮的。許多大家耳熟能詳的名家如狄更斯、莎士比亞、牛頓亦在此長眠。享年一百零一歲的伊麗莎白太后，也是在西敏寺停靈，接受愛戴她的政要與民眾悼念。據悉，通霄排隊瞻仰太后靈柩的百姓逾三萬人。英國傳奇女性——黛安娜王妃的婚禮、喪禮都在西敏寺，真可謂樂也西敏寺，哀也西敏寺。

西敏寺，冷眼旁觀英國興衰史，與英國皇室有著密不可分的血緣，它，至今仍舊迄立，默默守著祖國，不論日後英國是強盛或衰竭，它，永遠在那裡。可惜，我只是路過，並未入內參觀，找了許多資料才略知西敏寺的歷史意義。

■搭乘倫敦眼，可由高空鳥瞰倫敦。

倫敦眼

泰晤士河畔有一座世界最大的摩天輪，那就是為慶祝千禧年而建造的倫敦眼。

倫敦眼高達一百三十五公尺，三十二個座艙，每個座艙可容納二十五人，艙內是透明設計，三百六十度的旋轉，鳥瞰全城，廣闊無邊的視野，帶遊客盡覽倫敦風情。倫敦眼成功建造前後，並未計劃開放給遊客使用，但「傲視倫敦」的摩天輪，一直是成千上萬的遊客聚焦的目標，成千上萬的遊客紛紛投以驚艷的目光行注目禮，終於在一個月後開放給遊客，共享空中摩天之樂。

而我獨愛佇立於泰晤士河畔，對著倫敦眼的方向，任清風徐徐拂面。

海德公園

海德公園是倫敦最大、最著名的公園，接鄰肯辛頓公園，佔地廣達三百四十英畝。

十七世紀時，查理一世宣佈開放至今，無論是本地人或外國旅客，都對它流連不捨。海德公園有一個很特別的傳統，若對國家有所不滿，你可以站在自已帶來的肥皂箱上發表高見，旁人亦可針對他的言論提出辯駁，任何一種偏激、攻伐的理論，此時都是被接受的。不過，這並非鼓勵口水戰，而是在民主制度下，言論自由的體現哩！

第一次踏進海德公園，其實是迷路時不經意闖入的。

豁然眼前一大片綠，單純地難以找到其他的色彩，任綠意強勢侵佔我的眼，引人直覺地走入綠意深深處。

■Golden Jubilee - Albert Memorial，攝於海德公園。

我還曾因糊塗地走在公園裡為腳踏車規劃的單車道上，而差點被撞，幸好有驚無險虛驚一場。湖邊可見群鴨戲水，遊客泛舟，走道上成群的鴿子從來不怕人，圍著遊客要東西吃。

亦可常見一群人沐浴在陽光下，舒活筋骨；或躺在草皮上閉目養神；

■海德公園內的肯辛頓皇宮，黛妃生前住所。

或攜家帶眷野餐，每個人用不同的方式接受綠的洗禮，同樣地得到放鬆壓力的目的。英國人懂得休閒，由此可見一斑。

海德公園也是情侶約會的好地方，曾看過很多情侶忘情擁吻，動作開放大膽，撫摸、掀衣、挑逗動作，樣樣都來，旁人也習以為常，不以為怪。不過，曾見過一對情侶，令我印象非常深刻，也覺得很有趣，他們雙雙躺在草皮上，接吻就罷了，一下子男上女下，一下子男下女上的變換姿勢，忙得不可開交，但四片唇卻不曾片刻分開，陶醉於眼中只有對方存在的甜蜜激情，西方人果真比東方人開放得多。

倫敦塔橋

■倫敦塔橋近影。

歷史悠久的倫敦塔橋依舊位於泰晤士河畔，至今仍是倫敦地區著名地標之一。

第一次在倫敦塔橋前拍照，我只覺得，對面那座橋很壯觀，便請西班牙的同學幫我拍下，直到照片洗出來，友人驚呼：「哇！倫敦塔橋」我才知道，自己曾經有眼不識泰山，竟不知這座雄偉的大橋是世界聞名的「倫敦塔橋」。就是小時候，經常淘氣唱著：「倫敦鐵橋垮下來！垮下來！……」歌曲中的主角啊！

別看她只是一座橋。整個格局設計仍是採用了歌德式風格打造，還保留著維多利亞時期的傳統格調，整座橋高約40公尺。兩座童話般城堡造形的塔橋墩橫亙支撐，巨輪駛過，橋身升起讓船隻通行後，再緩緩放下來。橋身升降起

■倫敦塔橋夜景。

落也是罕見的奇景，只是，遊客要碰點運氣，才有幸見到。

倫敦塔橋，不只英國人視之為傲，也是外國人遊倫敦必到的熱門景點之一；為了不讓自己有「不識廬山真面目，只緣身在此山中。」的遺憾，我寧可遠觀，讓她的偉麗禮讚我的雙瞳；陽光細碎灑落在泰晤士河面，船隻來往穿梭，揉碎點點金光，又悄悄消失在河中央……。

聽說，倫敦塔橋曾被列為911恐佈攻擊的目標之一，叫我如何想像，這樣的國際奇觀險些因為人性執念而壯烈犧牲？若果真如此，粉碎的將是世界千千萬萬遊客的夢，坍塌的豈只是大橋？

倫敦塔

背對倫敦塔橋，對面看到的古式城堡建築，就是倫敦塔了。會對倫敦塔產生興趣，是因為看了好友拍攝的照片。

當時，我和朋友相約赴宜蘭旅遊，朋友帶來她在英國遊學的照片與我分享，一系列以石頭城堡為背景的照片，深沉的神秘感強烈吸引了我。原來，這就是在倫敦塔的留影。朋友說：「幾百年前，很多英國皇族在倫敦塔裡被暗殺！」朋友的一句話，讓我對英國皇家懸疑的歷史欲探之而後快，從此，不只讓我對倫敦塔產生興趣，也讓我對西方文學、歷史起了好奇心。

因此，當我有幸踏上英國領土，怎能錯過倫敦塔？

倫敦是個歷史之城，最受遊客青睞的歷史景點，莫過於倫敦塔。個人

■倫敦塔中，歷史悠久的「白塔」，完工於11世紀。

建議，遊倫敦塔之前，最好能夠先對英國的歷史、皇族鬥爭內幕有些片面的了解，建立遊歷的意義，否則，你可能會覺得，倫敦塔只不過是個「不怎麼華麗的博物館」，相當於台幣五、六百元的花費，實在是天價。

倫敦塔曾經是英國宮殿、監獄、刑場、兵器庫、珠寶庫，不過，逝者已矣，事非功過均隨風散逝，倫敦塔，現今就是打開大門，供人參觀的博物館了。進倫敦塔前，每個人都要排成一列，檢查背包，確定沒有危險物才得以通行。

白塔，是第一個建造完成的堡塔，內藏有數百年來的各種兵器、歷代君王頭像、也有鐵製的兵士和駿馬塑像，塔內的燈光昏黃，四周略顯斑駁的石牆，也有許多壁畫。沿著狹梯上去，就是英王寢宮，一直以為國王的寢宮是很富麗堂皇的，沒想到竟設在暗角一隅，擺設也十分簡陋。

走出白塔，隨著人群進入珠寶塔，頓時眼睛一亮，玻璃櫃內展示著各種珠寶、后冠、王冠、權仗、手環、項鍊、戒指、用餐器皿，耀眼逼人，尊貴華美，似乎用手不經意一碰，這些珠寶就會頓然失色，實不難想像皇族們富貴、奢華的生活。

使用這些昂貴的物品，想必也得小心翼翼，難以自在，這些寶石還真是可遠觀而不可褻玩，連拍照都禁止。我夾緊背包，戰戰兢兢地走著，深怕一不小心碰碎了玻璃，塔內天價的寶石，我可賠不起。出了珠寶塔，反而有一種如釋重負之感。

皇后塔是曾囚禁安妮伯琳皇后的地方，她因為被污陷而送上斷頭台，據說她的陰魂從來沒有離開倫敦塔。愛德華四世的兩個兒子曾被叔父關在花園塔，找到時已經遇害，花園塔才改名為血腥塔。我曾看過兩位王子小時候的照片，長得比起現今的萬人迷「威廉王子」還要精緻，像是童話裡粉妝玉琢的小王子，天真的雙眸透露幾許無知，怎料得到日後慘死的命運？不少皇室貴族在綠塔內被絞死，亨利八世的兩位妻子，也是在綠塔裡被斬首的。

■倫敦塔中的「珠寶塔」，藏有價值連成的珠寶。

據說，被囚禁在倫敦塔內的人，幾乎沒有人能逃出，由此可見，倫敦塔是多麼「安全」的監獄了。

有個西班牙同學對我說：「倫敦塔是一個不幸的地方，我不願意在這裡拍照。」

倫敦塔也傳出不少穿鑿附會的鬼故事：聽說，夜晚，駐守倫敦塔的守衛常會聽到腳步聲、嘆息聲，甚或死囚臨刑前的慘叫聲，或者看見被處死的冤魂在倫敦塔內徘徊不散，還穿著古裝呢！我可能是天性大膽，又愛看恐佈片，反而感受不到倫敦塔靈詭的氣氛。

不過，若你屏氣凝神，說不定會有難以安息的鬼魂向你喊冤，幽怨的眼神直瞧著你，要你為他們主持公道，而你願不願意傾聽他們血跡斑斑的故事呢？

倫敦塔內除了保留遺跡外，也有商店、餐廳，遊客往來如織，喧鬧不已，很多遊客最愛拉著身穿紅色、黑色制服的守衛合照哩！這些守衛也愈來愈專業，還會要求想與他合照的遊客挽著他的手臂，讓他擺出很酷的表情和姿勢，供你拍照呢！

大英博物館

英國早期號稱「日不落國」，殖民地遍及全球，由世界各地搶來難以計數的文物，英國也善盡「保管」之責，將這些文物全送進了大英博物館，並且大方的免費開放參觀。不過，一進大門，你就會看到一個樂捐箱，鼓勵遊客捐獻，讓他們能有更多的經費照料這些文物，要是不願意捐款，當然也沒有人勉強。

大英博物館的外觀很不起眼，第一次站在門外，我還很懷疑自己是不是走錯路，跑到一般的小博物館，直到進入大門，看到內部的格局，才讓我相信自己沒有走錯。收藏物之多，一天絕對逛不完，與其叫做大英博物館，不如叫它世界博物館。

歐、亞、非、美洲、希臘、埃及、日本、印度、羅馬、中東、巴比倫……各地精深的文物，全都成了大英博物館傲視天下的展覽品。多年來，也有人將捐出自己的收藏品供博物館典藏，視之為榮耀。

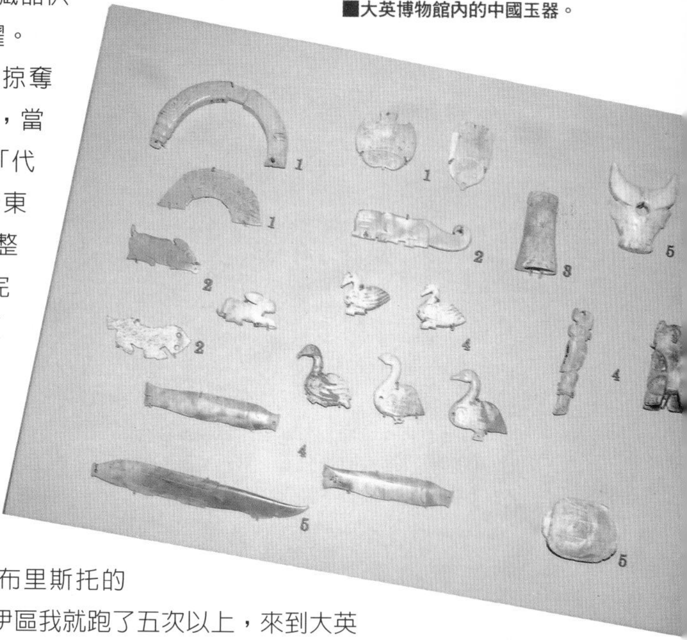

雖然這些古董都是掠奪而來的，但也不難看出，當時英國政府是多麼有心「代替」世界各國保管這些東西。以希臘為例，不只整個神殿被搬走，石壁完完整整的被剝拆，也「順便」運走了小神廟。聽說希臘曾想要回這些國寶，但談判未成。

■大英博物館內的中國玉器。

小時候看「尼羅河女兒」漫畫，對埃及的木乃伊十分好奇，布里斯托的「city museum」的木乃伊區我就跑了五次以上，來到大英博物館，埃及的木乃伊仍是我最高度的興趣。進入埃及區，有一具乾屍讓人十分側目，這具屍體被曬成人乾狀，身體蜷曲，死狀淒慘，但卻殺死很多遊客的底片。

木乃伊很多都包著布，因為年代太久遠，仔細看那些棺木，每一具都經過美術設計，不過，這些死人的物品看久了心裡仍會覺得有點怪怪的。但是，旁邊有很多西方人幾乎都是把臉貼在玻璃上，仔細研究，還拿著數

■英國曾耗費一億英磅整修大英博物館。

位相機，由不同的角度拍照。這些木乃伊死後不能入土為安，還要被世界各地的人品頭論足，說起來，還真是悲哀。

雖然生長在台灣，但對中國文物一直有著特殊的偏好。在中國區看到了許多唐三彩、隋唐佛雕以及一些瓷器、古玉、書畫、甲骨文。坦白說，與其他國家比起來，老英搶走的中國文物真的只算是小CASE。

英國的博物館大都沒有中文的介紹，讓我有點不平衡，但在大英博物館，終於讓我發現介紹該館的中文版書籍，但是，想起被掠奪的文物，有點賭氣的心態，我仍決定不買。

大英博物館裡也設有咖啡吧、餐館及購物區，由於我到的時候已經沒有位置了，而且也接近閉館的時間，想再參觀也來不及，只好繞到圓式建築的大英圖書館拍幾張照，這才心甘情願的離開。

大英博物館的大廳超過一百個，一天之內保證看不完，走馬看花也太浪費這些古文明資源。建議想逛大英博物館的人，選定一個研究主題，帶著筆記，抱著學生時代的好學精神，由這些展覽品和解說文字中，必能學到世界各國的歷史背景及淪為殖民的辛酸。當年英國耗費多大的工程，將這些文物運回國內，重新組合還原面貌，並詳加研究，所以對世界歷史了解最透徹的，想必是英國人吧？！

然而，我去大英博物館不只是有無法逛完的遺憾，英文能力的不足，難以聽懂解說員的話，實在也讓我很扼腕。

唐人街

對住在台灣、大陸、香港的人來說，唐人街實在談不上什麼特殊之處，但對於大多數的留學生或華裔來說，唐人街可是互解鄉愁的基地哩！

倫敦的唐人街位在幾條巷子裡，以大陸人開的店居多，專賣大陸商品，也有幾家香港人開的店面。中國餐廳、茶館、書局、錄影帶店、VCD店、麵包店、中藥店、中國超市、銀行、旅行社、理髮廳……等，在書店內還可以看到很隱密的八卦書籍，講述對岸高官的淫亂秘史，而且還「有圖為證」，圖片的人所做的激情動作，大膽貪婪的模樣令人咋舌。

唐人街的中國酒樓很多，小餐館也不少，裝飾得華麗氣派，彩色燈閃閃爍爍，但價格實在貴得嚇人，例如在台灣一碗五十元的蝦仁餛飩麵，在唐人街要大約二百元才吃得到，而且還比較難吃。

我吃過一種北京烤鴨套餐，幾片帶皮鴨肉，淋上醬汁，放在炒飯的上面，手藝平平，加了不少調味料，價格卻超過台幣三百元，我一邊吃一邊跟朋友抱怨：「我自己炒的飯搞不好更好吃。」

想在唐人街吃到真正美味的中國菜，恐怕要碰運氣，價格想當然爾絕不可能便宜。但對長期待在西方國家的華人來說，多少都能慰藉一些思鄉之情。

除了林立的中國商店，街頭也有人擺攤賣特效藥，攤子前面還圍了不

少好奇的西方人。此外，賣麵線、蔬果的，還有中國飾品如中國節、吊飾、泥人……等攤子也不少。

走進熱鬧的唐人街，我並沒有置身於台灣的感覺，因為氣氛實在說不出來的不一樣，或許，至今緣慳一面的北京、上海或香港，就是以這樣的方式在熱鬧著。因為唐人街過份熱鬧，也會讓人覺得有點龍蛇混雜，特別是愈接近晚上，一種難以形容的複雜氣息就愈明顯。因此，我常建議朋友，去唐人街最好在傍晚六點前離開，否則一定要結伴而行。

■由牛津圓環一路到皮卡地里圓環，小心血拼到手軟，刷爆信用卡。

牛津街

位在倫敦市中心的牛津街簡直是購物者的天堂。

我在牛津圓環地鐵站下車，出了地鐵，發現購物人潮比台北車站附近還多，人山人海，幾乎「寸步難行」，人人手上都大包小包。

倫敦的高價位人盡皆知，但在牛津街有很多連鎖經營的服飾店，長年折價促銷，才因此受到血拼族的青睞。特別是沒什麼錢的青少年、苦哈哈的外國留學生，都能在牛津街享受購物的樂趣。

別認為促銷的就是劣質貨，其實很多服飾都是物美價廉，有品牌的哩！認為自己的衣服永遠少一件的朋友，我總是強烈推薦他們到牛津街逛一圈，保證滿載而歸。精品店裡的鞋子、皮包、領帶、髮飾，也足以花光口袋裡的鈔票了。

倫敦牛津街不只是服飾店多，鐘錶店、珠寶行、精品店、咖啡屋、餐飲店、瓷器店……，全都林立在牛津街上，向血拼族熱情呼喊。我個人對購物一向興趣缺缺，只看不買，唯有在逛累時，才會到咖啡店裡歇歇早已癱軟的腳。

到倫敦撿便宜

別以為倫敦是百分之百的高消費地區。其實，倫敦也有類似台灣傳統市集的地方，有點類似台灣早期的「垃圾市場」，只是較乾淨，沿路走著，還會聞到腐敗的果菜酸味哩！這種市集大多位在較不起眼的巷子裡，初訪倫敦的旅客不易尋著，我也是靠著朋友帶路，才有幸造訪。

街道兩旁的店家都不大，但套句老話：「麻雀雖小，五臟俱全。」唸得出來的日用品，在這裡都能找得到，價格低廉（大約便宜了三分之一以

■逛逛市集，可撿到不少物超值的便宜貨，但也要忍受擁擠人潮。

上），若有人告訴你，想到倫敦「撿便宜」，千萬別覺得奇怪。不過，缺點就是店內的擺設缺乏秩序，也因空間小而顯得擁擠，想找東西需要花點時間就是了。

我曾在這個便宜消費區發現一種很特殊的擺飾品──「俄羅斯娃娃」，一個大娃娃的肚子裡內藏了五、六個一樣的小型娃娃，吸引人的地方是鮮麗的色澤，不倒翁般的身軀，模樣精巧可愛，它們坐在玻璃窗內，彷彿在對你呼喚：「買吧！買我吧！」只是十到十五磅的高價，讓旅費拮据的我只能忍痛放棄購買。

牛津。

牛津是個書香氣息濃厚的「大學城」，
幾乎是由大學、學院組合而成的城市，
許多文學家、科學家、
政治家輝煌的過去更爲牛津添增無數道閃光。

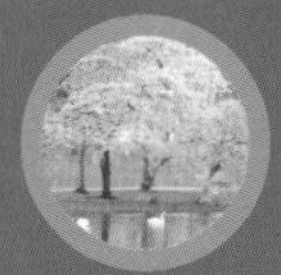

■牛津大學一角。

■這棟建築就是鼎鼎有名的「Bodleian Library」。

訪英前，早已耳聞英國的高級建築物精緻如城堡，真正踏入英國的城市後，覺得這個說詞有點誇大了，直到我造訪牛津，才不得不證實這個說法。很多歷史性的金黃色建築物，就像是在童話書裡才有緣見到的城堡，整齊羅列地呈現在我面前，在黃昏夕陽下璀璨著古典風華。

Bodleian Library

其中最引人注目的就是著名的「Bodleian Library」，圓型尖頂的堡塔式建築旁，圍繞著衆多手持攝影機的遊客，這棟建築在衆建築中奪目搶眼，位於這小小的市區中，竟頗具擎天玉柱之勢，圖書館內藏有六百萬冊的書籍，不論是不是牛津當地的學生，都能在此找資料。

牛津是個書香氣息濃厚的「大學城」，幾乎是由大學、學院組合而成的城市，許多文學家、科學家、政治家輝煌的過去更為牛津添增無數道閃光，走在牛津的街道上，發現這個小城市有一種內斂的藝術質感，不驕矜於她傲人的光輝，這是什麼？莫非是數百年來，長期的文化蘊釀形成一種幽微的靜穆？

在市中心的肯德基吃過午餐，街頭藝人的表演吸引不少遊客佇足觀看，當我津津有味聽著幾位年輕藝人彈奏起搖滾流行樂，「月亮代表我的心」這首歌的旋律讓我瞬間豎起耳朵，原來，是一對來自北京的父子，在牛津的市中心出售他們的「紅樓夢」、「中國樂曲」音樂唱片，以薩克斯風為主的旋律，再搭配其他中西樂器。這首「月亮代表我的心」，是先放音樂帶，再現場搭配薩克斯風吹奏的。

第二首曲子，又是中國人熟悉的「一剪梅」，圍觀的華人愈來愈多，有個大陸人一邊聆聽悠揚的樂曲，一邊拭淚，身在國內，這些樂曲處處可聞，顯得平凡無奇，遙在異鄉時，卻是難能可貴的珍品，無怪乎這位老兄感動落淚。或許，唯有身處異國，才能深切感受到家鄉的任何東西都親切吧！

我忍不住低下頭來跟那位看起來不過十一、二歲的小男孩談話，當我用英文問他任何問題，他都能對答如流，跟他說中文，他反而一頭霧水，不停的：「pardon！」。

去牛津當天，很不巧，氣候極不穩定，大太陽過後，便以迅雷不及掩耳之速下起陣雨。我只好就近先到教堂裡避雨，無意發現書架上擺放著傳教的冊子，好奇拿起中文版本翻一翻，譯者的中文程度不算好，但對理念的傳達倒是淋漓盡致，不算通順的文句，讀起來反而覺得親切可愛。

Oxford Story博物館

■「Oxford Story」博物館，坐在電動車上拍下的。

英國的博物館多得難以計數，幾乎三、五步就是一家博物館，除了大英博物館之外，其他的博物館都大同小異，讓人很容易混淆，但一家名叫「Oxford Story」的博物館最特殊。參觀者必須坐上雙人座電動車，掛上耳機，車子沿著軌道

■牛津大學一角。

帶領顧客進入「牛津的歷史」，以各種塑像呈現牛津的背景和先民的生活，及大學城的歷史。

大學公園

由於迷路走了反方向，愈繞愈遠竟讓我不經意闖入「大學公園」。

原來，以學術聞名的牛津，也有這麼大的公園，整片草地就像是一張綠地毯，園內有不少人在野餐，彩虹橋下可見泛舟自娛的遊客，「大學公園」雖沒有倫敦「海德公園」的名氣，卻多了一份世外的清幽。或許因為牛津是大學城，濃郁的學術氣氛更讓這個城市顯得單純。

巴斯。

英國有很多歷史古城，
以礦泉享譽的巴斯只是其中之一。
與其他城市不同的是，
巴斯遺留了很多羅馬人的遺址。

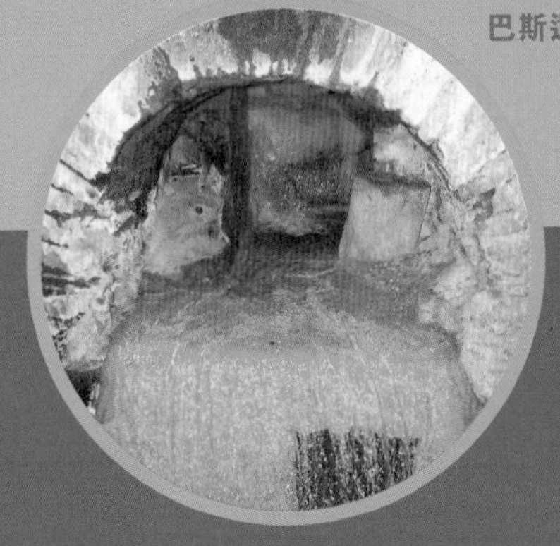

■羅馬浴池博物館。

■巴斯古羅馬時代三溫暖遺址

巴斯是個古意盎然的城鎮，沒有工商業都市的喧囂吵雜，由街道上稀少的人群觀察，這個都市的生活步調比較慢，又似乎特別愛花，很多建築物都會用花來作點綴。

「Roman Bath」博物館是語言中心的老師強力推薦我們參觀的地方，這個博物館提供了英文、義大利文、西班牙文、日文……等服務，就是偏偏沒有中文；電話聽筒裡的英文解說，實在很難聽懂，我的心裡不禁抱怨，至少中文也是一種很多人使用的語言，怎麼被忽略了？

羅馬浴池博物館

羅馬浴池博物館裡面的溫泉、露天浴池約有三百多年的歷史，空氣中飄散著許多硫磺味，水質並不清澈，想必沒人願意在裡面泡澡。我和一個日本同學在浴池旁拍了幾張照片，就近由旁邊的矮門進入另一個參觀區域，裡面展出的是溫泉出口、古代石雕、石器、鑲金銅製的「Sulis Minerva」頭像，還有一個讓觀光客投擲硬幣的「Circular Bath」。

巴斯修道院

羅馬浴池博物館附近有一個建於八世紀的「巴斯修道院」，明豔的彩色玻璃述說著耶穌偉大的故事，還有天使登天梯上天堂的石刻，雖然我不是教友，但一進修道院，立刻感到一股清冽空曠的涼爽，紛亂的心靈頓然寧靜。

巴斯距離布里斯托只需三、四十分鐘的車程，我們上完語言中心半天的課後，就匆匆去趕遊覽車，因此來不及吃午餐，出了巴斯修道院後，才感到肚子餓，隨便找家小餐館胡亂吃了些麵包和茶，我和一位日本同學片山就在市中心逛街，順便幫朋友買扇子。

「隨時隨地都在迷路」的天才路癡

逛了很多家精品店，就是偏偏找不到歐洲式的扇子，有一位親切的老闆娘還指引我到另一家精品店，告訴我那裡可以找到很多扇子。

不幸的，我非但沒有找到那家「有很多扇子」的精品店，還因此迷路，片山愈來愈著急，我一直安慰她：「別擔心啦！我雖然常常迷路，但我可以問路人嘛！」巴斯的英國人都很親切有禮，問完了路謝過對方後，他還會很友善的對你微笑要你別客氣。之前曾聽同學說過，巴斯的種族歧視嚴重，幸好我遇到的都是很有禮貌的巴斯人。

之前拿我的遊記給朋友看，朋友笑說：「妳好像不論到每個城市都在迷路。」我也很誠實的招認自己方向感實在太差，都是靠著一張嘴巴和地圖找到目的地。凱薩琳老師就曾開玩笑說：「妳在巴斯都會迷路，那在布里斯托不就更慘？」我倒是很厚臉皮，立刻承認自己是「隨時隨地都在迷路」的天才路癡。

Wookey hole。

走到岩洞之底，竟覺眼前忽來一片光明，
狂奔而出，投向室外陽光的懷抱，
霍然鬆了一口氣。

■室外的氣氛還是比岩洞內好多了。

Wookey hole

Wookey hole這個景點位於布里斯托的南方，主要是以石灰岩為主，可以說根本就是一個石灰岩洞，也有難得一見的石筍、鐘乳石奇觀。壓低身子鑽入崎嶇的山洞中，好險！東方人體型比西方人小，不會像那位高大的西班牙學生，一個不慎撞到了頭。山洞內真的很陰暗，為了維持神秘的氣氛，只略微開啓暈黃的小燈，聽管理員用極沈鬱的語調緩緩說起一個古老的傳說：

從前，曾有個老婦人獨居在洞穴內，她有著不可思議的力量，會帶來很多不幸的意外或災難，村民請來了法師「收妖」，老婦人在法師的追捕下，竟跳入黑暗的河中，浮不起來，於是法師舀起一些河水並為她祝禱。傳說這名老婦至今仍陰魂不散。

■群芳簇擁的花海景緻，平衡了洞內的陰森感。

不過，倒是沒有人相信管理員穿鑿附會的「鬼話」。若當成靈異故事來聽，確實是非常精采。可惜，我聽懂、看懂的就只有這樣而已。故事的真假眾說紛云，卻為這個景點罩上神秘面紗，信不信由人自主。不過，據說真的有人因為這個恐佈的故事而造訪wookey hole，找尋故事中老婦人的靈魂。找到了嗎？或許她那雙深沉的眼睛依然在岩洞的某一隅，控訴著她的不平。

洞穴深而長，有一種走不出去的錯覺，顛簸、窄小、不平坦的走道，讓人必須小心翼翼；裡面濕氣很重，有一種由腳底涼到心臟之感，暗沉沉的氣氛，覺得比剛進來時更為陰鬱，亦有一股陰森之意。走到岩洞之底，竟覺眼前忽來一片光明，狂奔而出，投向室外陽光的懷抱，霍然鬆了一口氣。

Wookey hole博物館

最令人難忘的，就是博物館内的趣味魔術鏡了。直讓我想起童年的哈哈鏡，不知這些魔術鏡是利用什麼原理拼成的？每一個站到鏡子前面的人，肢體五官霎時「扭曲」，一下子像細而長的竹竿，一下子變成矮肥短的小矮人，一下子又變成了龐然大物，身材比例極為怪異，若正常人長成這種身材，恐怕連「媚x峰」也無能為力吧？！

忽然聽到有位義大利學生驚叫：「My hair！」

走到鏡前一看，原來她那閃亮的金色短髮，在鏡中竟成了衝冠怒髮，讓愛美的她捶胸頓足，直嚷著她不想玩了。

與其說魔術鏡將人「醜化」，不如說它們將遊客們「童話」、「可愛化」了！

造紙磨坊

英國是個歷史古國，擁有不少文化寶藏，這次到wookey，就讓我看到了傳統的造紙磨坊，裡面仍保留了人工造紙的器具，更勁爆的是，還有服務員示範傳統人工造紙術。只見在一個很大的方型木製盛水器裡面，放著已處理過的碎紙漿，工作人員將它們撈起來，再用木板壓平，等它乾，就是很粗略的紙了。

求證後得知，這樣的人工造紙術早在十七世紀的英國就有了，至今，如同保護文化般地保留著傳統造紙器材與技術，也透明化地讓遊客觀賞，可惜的是，造出來的紙太過「高級」，加上又是純手工，價格也比較貴。

英國最袖珍的城市——Wells

Wells離wookey hole很近，因此行程排在同一天。

Wells是英國最袖珍的城市，也是英國當地著名的中古世紀城。雖是小城，但當地也有一個英國最優秀的大教堂。因為年代久遠，石雕工藝腐蝕，曾在幾年前募款整修、重新清理教堂。

Wells小得巧而妙，街道雖然古老，但她的市中心仍然映證著一句老話：「麻雀雖小，五臟俱全」茶店、Bar、玩具店、精品店特別多，還有人在街上擺攤賣花、賣藝。

■隨處可見的街頭藝術家，總有不少民眾圍觀。

布里斯托。

若台灣是我的祖國，
英國布里斯托城就是我第二個故鄉。

■公園裡的鹿群，好奇地盯著照相機猛瞧。

提筆寫這個城市，心中百感交集，寫了又刪，刪了又寫。

似乎從任何一個角度切入，都不能完整呈現我心中最熱烈澎湃的情感。若台灣是我的祖國，英國布里斯托城就是我的第二個故鄉。有記憶以來，除了在台北縣定居，還沒有在任何一個城市居住超過一星期的，而我竟然在遙遠的布里斯托生活了三個月，這是從來未曾想到過的事。

在我眼中，布里斯托是——

商業區：商業大樓高聳在繁華的街道旁，矗立著與倫敦迥然不同的獨特風格。

住宅區：氣氛單純，步調悠閒，治安良好，曾問過語言中心的老師，才得知布里斯托竟然是英國人最想居住的城市，也更加肯定自己出國前的選擇是對的。

學術區：雖不若牛津遍布著大學、學院，但卻是商業城中，書香氣息最濃厚的城市。全市約有五萬名學生就讀布里斯托城內的大學。

渡假區：布里斯托臨海，海岸線依臨著嫵媚的海濱，「boat trip」是很受學生歡迎的活動；由市中心接連到郊外，幽靜的鄉村景色，嗅著山林的芬芳；潺流的溪谷，橫越奇岩，不在中國，一樣驗證山水入詩畫的情趣。

藝文區：英國的歌劇、音樂均普及，布里斯托以音樂素質聞名，當地較有名的歌劇院、音樂廳、電影院多位在交通便利的市區，甚至保留著百年歷史的皇家劇院。

一日，尋著地圖找到始自都鐸王朝，有四百年歷史的「red lodge」，現已收歸公家管理，免費參觀，據辦事員介紹得知，伊莉莎白皇后曾在這裡住過，甚至有人以「hidden treasure」形容這個小博物館，在我離開博

■街頭藝人臨場秀。

物館前，年老的館長竟然親自來送我這個遠道而來的外國人，還熱心的介紹我去「city museum」逛逛，一定有意想不到的收獲。

city museum

「city museum」是布里斯托最著名的博物館。英國大大小小的博物館這麼多，「city museum」不只在布里斯托當地佔有一席之地，也是英國境內屬一屬二的博物館之一。最特別的是，當我一腳踏入博物館，左側擺放著的特展玻璃櫃，竟是中國式的碗盤、湯匙，還以書法列印寫著「中國」繁體字。大樓梯上方又是一對龍，沒想到，歐洲的博物館裡頭竟有如此「中國」的設計，讓人倍覺親切。

「city museum」的館藏量豐富，保留最多的是栩栩如生的動物、化石標本，還特意將燈光打暗，增加神秘感；一樓的埃及

區則收藏著古代木乃伊，包裹身體的屍布早已老舊，沾染污塵。埃及區雖然很小，但我每次造訪博物館，都會習慣性地先去探望那些躺在玻璃櫃內的「老朋友」，這個特殊癖好，總被朋友嘲笑「發神經」。

中國區裡的花瓶、碗盤、唐三彩全是愛好中華文物的館長遠赴大陸收集來的。這名老館長個性沉默，總是一個人默默坐在椅子上沉思，若有路過的參訪者，則友善地點頭，對於大陸、台灣來的遊客特別歡迎，親切的老館長若能胖一點，再戴上假白鬍，鐵定是幾可亂真的聖誕老公公。

■石柱群。

第三個樓層，收集了不少華麗畫風的西方油畫作品，也有許多宗教聖畫，若對文藝復興的歷史有些了解，更能感同身受這些藝術品的珍貴，否則恐怕只會認為是一些美麗的圖罷了。不免俗地，「city museum」也有商業化的紀念品專賣區與咖啡店，價格都不便宜，不過，我卻愛上了他們的蛋糕，每來一次，都要點一塊解解饞。

「city museum」的規模不能與「大英博物館」相比，但「大英博物館」給我一種高高在上，遙不可及的感覺，不若「city museum」如此貼近民衆。我雖未曾在「大英博物館」的樂捐箱投過一毛錢，卻在「city museum」投了一英磅；雖然在布里斯托讀語文，我卻很少遊歷當地的名勝，反而都往「city museum」裡鑽，至今，我仍忘不了兩條中國龍，雄威於大英王國的博物館内，向外國人展現他的豪邁。

不管是放學後或假日，我經常會沿著市中心的「白女士路」漫無目的地閒晃，然後晃進「city museum」，甚至坐在一樓大廳的休閒椅上假寐。

熱氣球

布里斯托的熱氣球在英國當地很有名，經常可在「Goldney garden」看到天空中飄著好幾顆彩色的熱氣球。

聽人說，最壯麗的時刻是氣球甫上昇的刹那；布里斯托的熱氣球是每星期二、四傍晚昇空，在一個陰雨綿綿的午后，我竟枉顧感冒未癒，冒雨前往施放熱氣球的遊樂區，希望能親眼目睹。

偏偏不巧，當天竟然因為下雨而停止活動，不過雖然沒有看到期待中的熱氣球，我卻看到了久違的煙火。雨愈下愈大，傾盆如注，但正在玩刺激遊樂設施的英國青年男女卻視若無睹，照樣在雨中跳舞，照樣玩他們的雲霄飛車，照樣打玩具槍賭博。

回到宿舍後，我的感冒不出所料，更趨嚴重，後悔自己貪玩也來不及，過了一星期感冒沒藥吃，只喝感冒湯的慘痛日子。

布里斯托並不是遊學勝地，至少，比起倫敦、牛津、劍橋、布萊頓……等名城，當地的台灣留、遊學生稀少，來來往往幾乎都是歐洲人，在語言不通的情形下，生活的困難度也跟著提高，但也因為具有挑戰性而促進我的成長，不管是語言能力也好，生活技能亦然。

若能再選擇一次遊學地點，我仍會執著不悔地再選一次布里斯托，甚至有個瘋狂的夢想，等我哪天中了樂透頭獎，一定要在布里斯托買棟房子，每年都回去「第二故鄉」探望一番。

雖然，這個夢想對我這種沒有偏財運的人來說，實在遙不可及，只是，熟悉的影子，實在難以抹滅、取代，若能再度蒞臨布里斯托，我一定是抱著回娘家省親的媳婦心情吧！

遊學生活二三事。

生活，因爲在異鄉而有不同。
吃喝玩樂，學習成長，烙印腦海永不磨滅的三個月。

＊國際party　＊種族歧視　＊這種老師？　＊柴米油鹽醬醋茶
＊我的秘密花園　＊古墓尋禮　＊我上報了！　＊難忘的舞會
＊卡蘿老師的愛情故事　＊血緣的迷思　＊我是東方人

■牛津大學培育不少傑出人才

EST. 1862
The CLARENCE
53
HITEHALL
VEYORS OF
ER & STOUT
1862
THE
CLARENCE
WELCOME ALL
VISITORS TO LONDON
BREAKFAST
SERVED
HERE!
MON-SAT
9am-11am

國際party。

一群歐、亞洲的外國人，
竟然不知道番茄能和蛋一起炒，
茄汁滲入碎蛋也能和出這麼甜美的味道。

■如果有閒錢，到外面開瘋狂party也不錯。

宿舍裡的遊學生來自世界各國，文化背景各異，同住一棟樓層，卻能相處愉快，沒什麼特別的紛爭，我覺得自己很幸運。最讓我明顯感受到國情差別的，算是烹調吧！

記得我第一次拿出大同電鍋準備煮飯，一個義大利男孩好像看到了什麼稀奇的物品，不停的左瞧右瞧，飯熟了，連同蒸蛋一起取出，他也像發

■英國酒吧文化盛行，不只到處都是Pub，下午茶、咖啡店也常見。

現新大陸似的，「不相信」攪碎的蛋放進鍋裡蒸竟然可以吃，他滑稽的表情令人想起來就好笑。

番茄炒蛋臨危受命

某個週末，我剛吃過晚飯，美和子突然來敲我的門，邀請我在晚間九點到廚房參加「國際Party」，並要我準備一道台灣的菜餚，因為我已經吃得很飽了，本想挽拒，卻又不忍讓她失望，只好答應赴會。由於通知的太突然，根本無暇細想煮什麼東西好，這時我靈機一動，心想外國人一定沒吃過「蕃茄炒蛋」，於是決定讓蕃茄炒蛋臨危受命，用這道簡單的台灣料理「矇混過關」。

Party十點才開始，各國料理陸續上桌。韓國「pizza」、炒飯、日本咖哩飯、壽司，這些菜餚對我來說都不陌生，韓國的「pizza」吃起來很像台灣的蔥油餅，卻不油膩。美和子熱心的請我吃咖哩飯，得知我不吃牛肉，還細心的把碎牛肉挑掉，才把碗端給我，久聞日本女孩的賢慧，果真不假，但美和子除了賢慧外，卻多了一份獨立自主，可不是一般人印象中的小女人形象呢！

各國家常菜紛紛上桌

有位德國中年婦女端上來一盤番茄，番茄不是很稀奇的食物，但我第一次看到有人將小番茄切開，再塞入的不是蜜餞而是葉菜。兩位西班牙學生用蛋和馬鈴薯調勻，做出一道煎餅，由鍋中倒出來時，金黃的色澤竟然「閃閃發光」呢！大家果真都是「有備而來」，顯得我實在太懶惰了。

不過，一群歐、亞洲的外國人，竟然不知道番茄能和蛋一起炒，茄汁滲入碎蛋也能和出這麼甜美的味道，有個德國人望著這道台灣菜，起先還不敢吃，但許多韓國人和日本人，都紛紛表示好吃後，他才「摒住呼吸」嚐了一口，然後誠實的說：「很好吃，但是我不習慣吃這種菜。」

後來，有一個義大利學生打完網球姍姍來遲，什麼也沒準備，成為大家炮轟的對象，他一邊做出頑皮的表情一邊道歉：「對不起！對不起！我明天請大家吃晚餐！」看他誠心誠意的道歉，大家「既往不咎」，請他同樂，沒想到，他卻表示還要去Pub喝酒跳舞，一溜煙跑掉，邊跑還邊說：「我明天請客！我明天請客！」看他落荒而逃的樣子，所有的人笑成一團。

■莎士比亞的岳父故居。

種族歧視。

對於歧視者要做出適度、高明的反擊，
讓對方知道，
歧視別人是多麼愚蠢短視的行爲。

■像倫敦這種民族融合的大城市，種族歧視的狀況較少。

種族歧視是很不愉快的經驗，許多朋友認為被人歧視是一件丟臉的事，多半不願再提，但我認為種族歧視是對方的偏差，被歧視者無罪。因此，若有人問我這方面的經驗，我多不吝於分享。

有位大陸同學提起在市中心被人吐口水的經驗，讓我想起兩次較嚴重的種族歧視，以及其他「零零碎碎」被歧視的經驗。

丟蛋糕事件

第一次是我和兩位朋友到咖啡店小坐，剛開始是，進門時店員連一聲「Hi」都不說。

我和另一個朋友討論想點巧克力蛋糕，沒想到這位女店員，竟當著我們倆的面，將僅剩的三塊蛋糕丟入垃圾桶，當場氣得想走人時，因為另一位朋友已經點了飲料，付了錢，我們無法說走就走，我只有忍著一肚子不滿，點了一杯紅茶。

待我們三人都坐定，本以為就可以坐下來好好喝杯茶了，沒想到，這三位店員突然大叫大跳，因為室內大多是木製品，震起來格外「動盪」，分明就是想要把我們三個東方人趕出店。

遊學多次、應付過很多次種族歧視狀況的朋友突然說了一聲：「English culture！」這下子可把整個英國都罵進去了。

三個原本氣焰高漲的店員突然安靜下來，不再吵鬧，讓我們安安靜靜用完點心。不過，我們也不願再待在這樣子的店了，如他們所願，「識相」的走人。剛才很無禮的店員，連再見也不說，但我們卻聽見他們對其他光顧的客人很親切的說：「Hello！」

看包包事件

另一次不愉快的經驗是在語言中心內。

當時我才剛到英國兩個星期，英文程度實在很差，反應也較慢，很容易成為能力歧視和種族歧視的對象。那時剛到新班級，座位和一位漂亮的德國女學生相鄰，一開始她對我愛理不理的，讓我有點錯愕，下課時偶爾在花園、廁所遇到她，我也被當成空氣。原本以為，我和她僅止於井水不犯河水的關係，沒想到，後來卻發生了一件非常誇張好笑的事。

■遠遠看到標語，以為這裡是法院，沒想到只是簡樸的餐館。

有天中午的休息時間，我單獨在教室內午睡，這位德國學生突然把我叫起來，笑嘻嘻的問：「妳在做什麼！」當時心裡頗不爽，這不是明知故問嗎？接著她又說：「我有事要辦，麻煩妳幫我看顧皮包好嗎？」

■倫敦橋之「嘆息橋」。

不等我答應或拒絕，她就像花蝴蝶一樣「飄」出教室。沒多久，由教室的落地窗看過去，她竟然開開心心的與另一個西方學生在花園聊天打鬧，這下子真的把我給惹火了。不過，等我氣消了之後，覺得她似乎很抬舉我的人格（或許頭腦簡單），認為我不會偷她的錢，才敢叫我幫她看管皮包。

這兩次都算是不愉快的歧視，當然也有其他瑣碎的經驗。

像有些英國人似乎很不喜歡聽到華語，還有一位大陸女學生，在逛市中心時，突然被人吐口水。有時和朋友走在街上，忘情的用華語在聊天時，常遇到有人一聽到華語就露出不友善的表情，改口說台語後，神奇的，這些人的面色居然就很自然的緩和了下來，甚至還用一種抱歉的眼光看我們。

為了不想再面對歧視華語種族的狀況，在公共場所，我和朋友曾消極的改口以台語聊天，無形中，台語也和英語同步精進，不知是應該高興還是失落？

也有其他的留學生表示，曾有外國人聽到他們說中文，立刻做出輕蔑的態度，嘰哩呱啦講一堆聽不懂的英文，中間夾帶粗話，大肆嘲笑，嚴厲的回瞪他們一眼後，他們先是愣了一下，囂張的態度才稍微收斂。可見，很多種族歧視的外國人多少都有欺善怕惡的傾向，所以，出門在外，千萬不要任人欺負嘲弄。

其實，像上述的輕視、吐口水、丟蛋糕等事件不算最嚴重，最傷人的，最可怕的還是肢體的傷害，特別是單身女孩，更容易成為攻擊目標，被他們包圍在中間挑釁，若想反抗，寡不敵眾的狀況下，可能就會掛彩。

我想，這就是最令人氣憤不平的一點。大家在交換種族歧視經驗之時，還是女孩子受到的傷害多，而男孩子受到歧視，對方就是一派想找人打架的姿態了。

面對歧視七大法則

其實，「歧視」不只是最普遍的「種族歧視」。功利主義觀念下的「能力歧視」——英文能力不佳，被同儕看不起；表相迷思之下的「外貌歧視」——天生其貌不揚，或衣著太過俗氣，都會被人看輕，再多的不平之鳴，難道只能大嘆「做人真難」嗎？難道只能任人為所欲為嗎？

有過幾次被歧視的經驗後，讓我對自己做了不少心理建設。

第一，被人歧視絕不是你的錯，而是歧視者的個人偏見，不要因此而自卑。

第二，對歧視者做出適度、高明的反擊，要讓對方知道，歧視別人是多麼愚蠢短視的行為。再怎麼氣憤，都千萬不要口出穢言或動粗，否則，只是破壞自己和國家的形象而已。例如，有人以輕蔑的態度嘲笑你的語言或種族，你就要立刻抱以嚴肅的神情，通常這些歧視者都會收斂一點。依據我的經驗，有種族歧視傾向的人多半欺善怕惡，這時技巧性、輕微的反擊就很重要。

第三，在西方國家，東方人顯得弱勢，團結可形成一股不可小覷的力量。遇到同樣被歧視的東方人，是不是該有同理心？而不是反過來苛責受害者自己不好，才會被歧視。

第四，靜下心來想想，自己是不是也曾歧視某些民族？若我們自己有種族歧視的傾向，就不要埋怨別人歧視我們。

第五，在國外不要批評自己的國家，若要批評，也不要當著外國人的面，否則只會讓他們更看不起。

第六，若你是在學校或語言中心被歧視，千萬不要沉默，一定要向校方反應。曾有一個大陸學生遇過一個專門歧視中國人的老師，上課時，從不理會這群學生，有一個學生氣不過，找學校申訴，後來，這位老師見到中國學生，一律親切的打招呼。可見，權益是掌握在自己手裡的。

第七，被歧視是一件很氣憤難過的事，但也不要太敏感，認為別人有什麼不經意的小動作都是歧視，除了自己心理不舒服，也誤會了別人。

這種老師？。

這位老師在班上發脾氣的機率愈來愈大，
沒有人知道何時會觸怒她，
這點燃我心中的怒火：
「我千里迢迢搭飛機來這裡，是來看妳鬧情緒的嗎？」

■遇到這種差勁的老師，曾幻想把她囚禁在暗無天日的古堡裡，逼她反省。

■劍橋大學內的建築物近影。

亞洲學生一向習慣逆來順受，受了委屈總是放在心裡，最多就是跟同學朋友發發牢騷就算了，很少會去找相關單位反應。雖然這反應了亞洲人的忍耐力和韌性，但無形中卻也讓自己的權利睡著了。

我的語言中心，以四週為一單位，換教室、換導師和換課程。記得當天我遲到，又跑錯教室，等我找到新教室時，已經過了十五分鐘，打開門，新老師和我打了照面，因為我對自己看面相的本領頗有信心，直覺一向頗靈，我心想：「天啊！以後日子難過了！」

果真，這位老師比亞洲老師還嚴厲，每天都有作業，除了星期五的大考，平常的小考也不計其數，但她給同學們的反感不是來自於考試和作業，而是她的脾氣。

學生打呵欠，她大發雷霆

外國老師大多能與學生打成一片，但這位女老師卻予人難以接近之感，因此有位在其他老師課堂裡很活潑，但在她的課就愁眉不展的阿拉伯學生，就曾被她要求，「你上別的老師的課都很快樂，為什麼在我的課堂上卻擺臭臉，請微笑好嗎？」阿拉伯學生聽了只好勉強微笑一下回應她。

她曾在我們班上正式大發雷霆，導因於一位台灣學生常打哈欠，每天懶洋洋的。她說：「你知不知道你所有的動作在講台上都看得很清楚？自從我到這個班，你每天都是懶散的態度，如果你願意的話，歡迎你到講台前，體會一下我的心情！」

她的文法課每個人都昏昏欲睡，總要她發了脾氣，大家才專注聽講；她的解釋常讓學生一知半解，有時候她根本不解釋，直接叫學生翻到課本某一頁，閱讀該頁的文法分析，我甚感不悅，心想，若你要我們自己看，我為何還要來上課？

當她發現阿拉伯學生又與她作對不願聽講，竟然在看別的書時。她很不高興的說：「你如果不想聽，請滾出去！」

這堂課下課前，她突然說，要給我們班幾個如何增進英文能力的意見。

只見她在白板上大大的寫了幾個增進英文能力的要點，如下所述：

第一、早點去睡覺。
第二、偶爾要寫作業。
第三、保持微笑。
第四、熱情。
第五、不要打哈欠。

在白板上留了這些要點後，她「砰」的一聲把門關上，走出教室。

全班錯愕不已，有人打了一個更大的哈欠，有人以自己的母語竊竊私語批評。我有一股衝動，想直接衝到辦公室申訴她教學不當，但當時的口

語能力尚不佳，只有暫時認命，並與同學一齊期待下個月的新老師。而與她有過不愉快的阿拉伯學生，一改原本用功的態度，只要是她的課一律缺課，以示不滿。

她的情緒就像英國的天氣

晴天霹靂，沒想到第二個月的導師竟然還是她。

當她走進教室，放下她的教材再走出去時，同學們都直呼倒楣，看著很受歡迎的老師走進別班的教室，我們只能羨慕又不甘的大嘆：「繳同樣的錢，為什麼我們輪到她當導師？」

這位老師在班上發脾氣的頻率愈來愈多，沒有人知道何時會觸怒她，

也沒人知道她在現實生活中到底遭遇了什麼，讓她連上課的情緒都無法控制。或許班上亞洲人多，亞洲人習慣沉默，而這又更點燃我心中的怒火：「難到我千里迢迢搭飛機來這裡，是來看妳鬧情緒的嗎？」

有一天下課，她表情不悅地說：「你們當中有人在意見表上反應作業太多，沒寫作業我會生氣！」

有個台灣人立即問，到底是誰反應的？她冷哼一聲說：「我不知道！是某個人！你們實在想太多了，我什麼時候因為你們不寫作業而生氣？出作業只是讓你們練習，你們不願意寫，跟我一點關係也沒有！別擔心，我不會因此而生氣，我會站在這裡為你們上課，只因這是我的工作。」

門「砰」的一聲關上。

全班你看我，我看你，每個人都覺得莫名奇妙。

班上同學的反對聲浪愈來愈大，就是沒有人有申訴的勇氣；她的脾氣

■壯觀的市區街景，令人心胸霍然開朗。

也愈來愈難捉摸，只有在談起她當法官的男友時，臉上才會露出些許甜蜜的表情。偶然在花園裡遇到她，迎面而來的一張臭臉，閃避不及，還得心不甘情不願的打招呼。

拿出勇氣申訴她

終於，我鼓起勇氣，去敲了班主任的門。

招呼我進門的，是班主任的妻子兼事業伙伴瑪莎，隱私的空間，讓我毫無顧忌，傾訴這一個多月來發生的事情。

「亞洲學生的特質是『害羞』、『沉默』、『安靜』，但我已經沒有辦法再做一個無聲的人了。」

「現在這裡只有我們兩個人，妳放心的把問題說出來，我會盡力幫妳的。」

二十分鐘後，我走出辦公室，並感謝瑪莎的傾聽，她承諾會做出最好的安排處理，要我快快樂樂的把課上完。

第二天是星期五，一律上半天課，老師安排學生一對一對面談，心理作用讓我緊張，特別是和一個看似來者不善的人共同處在隔離的小辦公室裡，心中難掩惴惴不安，深怕她得知昨天之事。

老師先是問我，對新課程的感覺如何，我點點頭說：「一切都ok！」她對我的回答不滿意：「妳說ok，我不知道妳意指什麼，妳能不能多解釋一點？現在請告訴我，妳到底喜不喜歡新的課程，對新的活動有沒有興趣！」

我第一次聽到這種咄咄逼人的面談方式，根本不像是異國師生之間的面談，而是像在「審問」。

「我覺得……新課程比較難，我需要花多一點的時間去複習、寫作業。」

「這些還是屬於中級英文的課程，對你們的寫作很有幫助。」

我順著她的話意：「是是是！我贊同，這些文法我在台灣不曾學過，但我相信它是實用的！雖然我每天花很多時間複習新課程，但我看過室友的課程，難度更高，我相信，以現在的難度還在我的能力範圍之內。」

有沒有人相信，她竟然大發脾氣。或許有人想問，我做錯了什麼？我確實是「大錯特錯」。

因為她說：「妳真是莫名奇妙，一下子說一切都『ok』，一下子又說新課程有點難，一下子又說室友的課程更難，我真搞不懂妳在說什麼！」

後面她又說了幾句話，我完全聽不懂，唯一肯定的是我把她惹毛了。

為什麼？因為語言中心對老師有個不成文的規定，必須依據學生的程度，說出他們聽懂的字句。我很「慶幸」自己聽不懂她說的那幾句話，肯定是刻薄的字句，不懂也罷。

下課後，我在樓梯旁徘徊，一直在回想剛才的情景，正好被班主任約翰看見，他親切的迎上來：「Hi，Jessie！別擔心，我們知道妳的需求，妳的快樂對我們來說非常重要！」我苦笑的點點頭，班主

■大片草坪邊綠柳垂岸，一幽湖水微泛漣漪，好個寧靜週末午后。

任下了樓後，瑪莎請我進辦公室。

「今天怎麼回事，看起來好像不太快樂，我能幫妳嗎？」

「沒什麼啦！我只是擔心老師是不是知道我昨天向妳申訴的事！因為她今天的情緒怪怪的，變得很不友善。」瑪莎來自印度，因為嫁給英國人而定居英國，對亞洲學生的心態很了解。

「不！妳錯了！我們重視學生的反應，也一律替學生保密，若我們把學生反應的事都傳出去，日後誰還敢申訴呢？放心，妳的老師什麼事都不知道，妳就安心的去過一個快樂的週末吧！」

原來是我杞人憂天了！不過，現在想想，要是被那位老師知道我曾向語言中心控訴對她的不滿，又有什麼關係？我們是付學費的，理所當然有權利要求一個滿意的環境和老師，而不是耗費金錢和時間討罪受。

換班再遇安德魯

過了一個輕鬆的週末，我又回到語言中心上課，在和一個斯洛伐克的中年婦女聊天時，無意間得知語言中心還有另一個中級班，我立刻衝下樓去找瑪莎。

「我想換到另一個中級班，但我不想跟導師報備！」

還沒看到語言中心對我的申訴做出處理，我便得到通知，換班成功，星期一直接到新班上課。

對於新班的導師，我是既期待又怕受傷害，萬一又是跟這個老師如出一轍的作風，該如何是好？

幸好是我多慮了，到新班級上課當天，教室門一打開，天啊！怎麼是安德魯老師？剛到語言中心的第一週，把我留級的就是他！

我剩下兩週的課程，竟然又轉進他的班級。兩個多月不見，怎麼還是一樣帥啊？他把我留級的事，我可是從來沒有忘記這份「恥辱」哩！不過，若不是被他留級，我也不會下這麼多苦心用功學英文。

後來，每天期待上課，可不是因為安德魯老師長得很帥，而是他的教學依然出色；我轉班後，得知那位被我一狀告上辦公室的老師，被語言中心調去休假，讓她暫時在校內消失兩個星期。不知怎的，矛盾的想起她被學生無言排拒的種種，心中竟然有些不忍，不知她現在是否仍安然的在同一個地方上班，或者已被解聘？

記得有幾次，她找我們班合照，大家反應冷漠，只差沒有趕她走而已。反之，卻熱情歡迎別的老師，她臉上難堪的表情令我記憶猶新，她也曾試著打入學生的世界，卻不得其門而入，也難以理解學生為什麼不歡迎她。

其實，若她能夠改掉情緒化的個性，她並不會是這麼不受歡迎的老師。其實她很懂得用淺顯易懂的方式解釋困難的生字，繪圖能力也不在其他老師之下，她在希臘和法國的英語教學經驗絕不是白費的，只是不懂得做情緒的主人罷了。

■愛丁堡獅雕。

COVENT GARDEN MARKET

柴米油鹽醬醋茶。

講柴米油鹽雖然很俗氣，沒辦法，民生必需嘛！

■倫敦第一個露天廣場—「Covent Garden」，以維多利亞式建築建構而成。

■都鐸式建築街景。

在家裡茶來伸手，飯來張口，平常只要管上班、假日上進修課程和登山，為保持「君子之風」而遠離庖廚，連碗都懶得洗，遑論煮飯？也因為如此，年紀也不算小，雙手仍然白白嫩嫩，羨煞不少朋友，我也因此而沾沾自喜。

出國前，不少朋友以「英國無美食」恐嚇我，若學不會煮菜，就準備餓三個月。

我就這樣被強迫進廚房惡補了幾天。或許是我「天資聰穎」，嘗試性的下廚房，卻甚少煮出根本不能吃的怪東西，差的只是調味料的多寡難以掌控。

不會做菜的時候，總是媽媽煮什麼我就吃什麼，即使不喜歡吃，也「不敢」嫌，自己下廚最快樂的便是能自由調配所有的菜餚，上超市也都挑選自己喜歡的食物，幾個月下來，雖然沒變成大廚，卻也煮出心得來，也有幾道拿手菜。誰說在歐洲吃不到道地的台灣料理，一定要跑到唐人街呢？

沙茶醬和醬油絕對是稀世珍寶

沙茶醬、辣椒醬和醬油是我由台灣帶去的，從最簡單的荷包蛋、培根、蕃茄炒蛋、連炒麵都因為加了沙茶醬的關係，添了足以欺騙外國人的美味。

英國最有名的超市Sainsbury也能買到很多國際食品，例如：法國派、西班牙餃子、印度咖哩、韓國泡麵、日本拉麵、義大利醃肉片……，雖然沒有中國菜的專區，但至少有各類青菜、玉米、魚、肉、水果……樣樣不缺，要吃中國菜有何困難？

國內俯拾皆是的醬油，英國的超市竟然標價4.5磅，等於是台幣200多元，必須千里迢迢跑到中國超市，才能買到合理價位的醬油，沙茶醬則是中國超市獨賣，沒辦法，西方人不吃沙茶醬。

對不擅廚藝的遊學生來說，沙茶醬和醬油絕對是稀世珍寶，省著用捨不得借人，也最怕碰到借醬油就用掉半瓶的賴皮遊學生，我在英國就是用調味料唬得外國同學以為我是在餐廳上班的，甚至還有人「真誠」地建議我，不要回台灣當苦哈哈的上班族，乾脆在英國定居開餐館算了，保證高朋滿座。

熟能生巧化身大廚

回台後，每個人聽說我在英國三餐都是自己料理，大家都瞪大眼睛不敢相信。當然嘍！熟能生巧，勤能補拙再加點小聰明，即使成不了大廚，炒幾個菜總會吧？我還曾很得意自己發明了幾道「不三不四」的美味料理呢！

馬鈴薯餐

馬鈴薯是英國的主食，如同台灣的米飯，馬鈴薯搗泥是英國常見的吃法。很不幸的，自從在倫敦花了五磅六吃過一頓馬鈴薯泥拌鮪魚後，嚇得我有段時間看到馬鈴薯就作嘔。

「逃避」了幾個星期，偶然間看到一對遊學生情侶在廚房削馬鈴薯，再淋上烤醬，由烤廂裡拿出來後，金黃的色澤，真的是「閃閃發光」，看著他們，你餵我一口，我餵妳一口的享用，讓我硬是把口水嚥下肚去。

後來我真的買來馬鈴薯烤醬，試做焗烤馬鈴薯，味道雖然美味，卻覺得太鹹，或許是外國人的口味比較重吧！所以，我還是比較喜歡吃媽媽煮的馬鈴薯滷醬油或炒馬鈴薯。

曾看到超市裡賣的雞肉口味馬鈴薯泥餐，和蒜味馬鈴薯塊，看到圖片差點沒流口水，好奇買回去嚐嚐，還好！雖然稱不上人間美味，至少，還有辦法全部吃完。看來，在倫敦吃到令人反胃的馬鈴薯泥拌鮪魚，算是我運氣不佳吧！

海鮮拼盤

這個華麗的名字是我自己取的，什麼是海鮮拼盤呢？

先用西班牙蒜頭爆香，再將蝦仁、蟹肉棒和玉米筍和在一起，加了醬油和沙茶熱炒個十分鐘，最後灑點檸檬胡椒，這麼簡單又偷懶的作法，端上桌真的是「奇貌不揚」，卻取了這麼美的名字，或許會被控「詐騙」，不過，你相信嗎？連台灣的朋友都說讚，這道菜若擺在中國餐館，說不定有機會變成名菜哦！

■這條街上想找超市，恐怕得繞到另一條巷子裡。

清燙什錦

所謂的清燙什錦，說明白一點，就是把蛋、紅蘿蔔、玉米、青菜、筍子、肉絲……切成小塊，丟入同一個鍋子裡燙熟，再拌鹽或醬油吃，就叫做「清燙什錦」了！又被騙了吧？這是充滿智慧的我想出來的懶人料理，各種顏色的食物集中在一個鍋子裡，清淡地烹調出「綜合」營養，若說是精心調配也不為過吧？

學點廚藝以解思鄉之苦

唯獨比較可惜的是，找不到道地的中華豆腐，唯一一次去香港人開的中國超市，看到不是很新鮮的豆腐和六個一組的皮蛋，連價格都沒看，就直接丟入菜藍裡，讓我連續三天過著擁有皮蛋豆腐的快樂時光。

我很羨慕日本遊學生美和子，她才是真正擁有手藝的人。不只美味，也注重視覺美感，我曾看過她烹調的魚，底下還鋪了一大片綠色菜葉做裝飾，把剝了殼的水煮蛋削花邊；她煮的日本咖哩人人搶著吃，知道我不能吃牛，還特地把牛肉挑掉，盛一碗「乾淨」的咖哩飯請我，不禁再度讚嘆日本女孩子的賢慧細心。

而我呢？沒有手藝只好用調味料來掩飾嘍！

覺得「英國無美食」這句話有些誇大了，道地的英國傳統食物，雖然不是很好吃，但當地為滿足觀光客的需求，已在吃的方面做改進，並不會有食不下嚥的窘況發生。不過，出國前若能臨時報佛腳學點廚藝，不但能讓你吃得美味，也能一解「鄉」思之苦，不管到哪個國家都一樣。

在英國，最容易買的食物就是馬鈴薯、培根、臘腸、火腿……，醃製品亦屢見不鮮；他們的肉類都特別大塊，在廚房裡用水果刀切豬肉時，可真整壞了纖纖小女子我，已經卯盡吃奶力，肉塊仍然「完好」，不禁深深「敬佩」起菜市場裡的肉販……。

W.AFRICA

我的秘密花園。

闖進這片園地——「Goldney garden」，
完全是一個意外。

■一望無際的曠野景色。

■後面那棟爬滿綠葉的小白屋，常被用來舉辦婚宴。

我習慣漫無目的地沉思、閒逛，享受壓力釋放後的悠閒自在。由大門進入宿舍，穿過走廊後，有一面瓦塊堆成的矮牆及幾層窄石梯，小小的洞口透著微弱的光線，非常不顯眼，斑駁的牆，輕輕抖落細微的灰沙，好像在對來來往往的衆人傾說它的存在。但，它太渺小，甚至「其貌不揚」，整整一個月，我竟完全聽不到那熱切呼喚的聲音。

忽逢桃花林

忘了自己是在什麼樣的心情下，低身穿出這片牆，踏上石梯的。依稀，那天的陽光特別暖和，在那小小的洞口，透出一線有如聚焦的白色光芒，「初極狹，纔通人；復行數十步，豁然開朗。」讀過「桃花源記」的人，對這幾句話必定不陌生，除了「盜用」陶淵明的文章，實難想出任何文詞描述我的驚喜。

我猛然跌入無邊無際的綠色世界中，「忽逢桃花林」是陶淵明的想像，我卻比他幸運。被包圍在大自然賜予的綠毯中，猛然在草地上追逐落單的松鼠，「咻」地一聲跳上樹躲起來，還怯生生的透過枝葉觀察我的行動，穿過整排濃密的樹，我竟又被甩入另一片桃花源中。

這又是另一片綠地，不同的是，她點綴了人工的美感。

一方噴水池內，幾朵紫色睡蓮由深綠幽水中探出，慵懶地綻放。雨後，蓮瓣凝釋出清露垂珠，雖無白河蓮花怒放的奇觀，但是它們輕盈如蝶的身軀，秀氣如詩，疏落地散佈在池塘內，有了更多呼吸伸展的空間，自由自在吐露清婉的芳香。

別有天地非人間

蓮池旁的花圃，有一圈被修剪成梅花形狀的草地，各種顏色的小花盛開著，外圍則擺放盆栽，我常席地而坐，複習功課或捧讀小說，我喜歡這種溶入大自然的感覺。噴水池的對面，有一個小圓塔，是「Goldney garden」一個顯著的目標，也是拍照的寵兒，走進一看，它原來是個廢塔，門已被生繡的鑰匙鎖起來，由老舊的窗戶看進去，裡面也堆放著廢棄的桌椅，因無人拂拭而佈滿塵埃。

塔外的白色涼椅亦顯得陳舊、褪色，但，它面對著青山翠谷、藍天白雲，彩霞暈染一抹夕陽西下的絢麗，熱氣球冉冉而升，與林間飛鳥並行，恣意遨遊天際。我花不起大把鈔票乘坐熱氣球（大約要一百三十五磅），有緣觀賞已可滿足。我常坐在涼椅上看著熱氣球，也常常仰天而望，看澄碧的穹蒼白雲疏卷如絮，親近廣闊山林的清芬氣味，我想，「別有天地非人間」的安適，就這麼簡單，以心融匯，即能輕易與大自然交會，輕易拋開了纏繞的是非，勒緊地心結竟瞬間鬆弛。

大自然的潛力無窮，我早已深刻體會，直到面對這片天空，才令我打從心底折服。

江闊雲低，斷雁叫西風

看！天空距離我這麼近，好像只要一伸手，就能掬取柔軟的雲朵，宋代蔣竹山「虞美人」詞中，有「江闊雲低，斷雁叫西風」的佳句，原來「雲低」就是這麼一回事。說來慚愧，我竟然在遙遠的歐洲體會古人的詞境，可見，從前的我，漠視了多少身邊珍貴的事物？

每回走入「Goldney garden」，都好像第一次造訪一般，充滿驚喜之情，有時遇到成群結隊準備去打球的同學，他們常問我：「一個人嗎？」

我總是輕輕點點頭。

「會不會寂寞？」

我微笑著搖搖頭。我並非排斥熱鬧，而是難以抗拒的掉入因孤獨帶來的心靈自由。

不知什麼時候開始，我不可自拔的愛上那片如雪白雲，坐在蓮池旁，或躺在草地上，望著幾乎近在咫尺的白雲，看它們聚合、沖散，再聚合，不斷的循環著，想家的時候，讓我更目不轉睛，甚至有個瘋狂的想法，或許，我只要聚精會神地看，不停的看，我的視線即將穿過白雲層，就能看到我的家，我熟悉親切的家……。

■這裡就是Goldney garden，也是我的秘密桃花源。

古墓巡禮。

英國人對墳墓並不忌諱，
甚至看到有人清晨刻意到墓地裡溜狗、散步，
情侶、夫妻在墳墓旁就地親熱，
也見怪不怪了。

■溫莎古堡後花園的「長壽之路」。

■看到天使雕像，誤以為是教堂；國外許多棺木，也有這類溫馨的雕刻，完全沒有陰森可佈的感覺。

中國人忌諱生死，對墓園更是避之不及；不過，由宿舍「Goldney Hall」走上坡，就是一片墓地哩！每天出門上課，這塊墓地是必經之路，若被七十多歲的阿嬤聽到，鐵定叫我馬上飛回台灣，不要住在那個「不祥之地」，順便又強拉我去廟裡找道士收收驚，去去霉。

墓地也是休閒活動的場所

不知是不是外國的墓園總是栽種樹木，綠草如碧鋪成一片翠毯，完全沒有「陰濕」的錯覺，特別是在陽光普照的時分，更是光明，哪裡有一點陰氣呢？何況，樹上的松鼠跟往來的行人玩捉迷藏，從這一棵樹跳到另一棵，為墓園帶來不少「生氣」哩！

英國人對墳墓並不忌諱，甚至看到有人清晨刻意到墓地裡溜狗、散步，情侶、夫妻在墳墓旁就地親熱，也見怪不怪了，墳場旁有一大片綠地，很多人常在此打球、野餐、餵松鼠，享受日光浴或攝影，也有人躺在草皮上假寐。中國的墓地人潮稀疏，英國的墓地反而是休閒活動的一般場所。

墓碑下的故事

這些墳墓的歷史都不短，墓碑上的字跡幾乎已被風霜磨平，一個年輕人的墳墓引起了我的好奇，但我只看得懂這個年輕人是在一八九二年以二十七歲之齡夭折，這麼年輕？是什麼原因去世的？為了滿足好奇心，我捉了兩位台灣死黨姐妹來當翻譯，原來墓碑上刻的是較古老的英文，怪不得難以看懂，她們對古英文也沒輒，不過，英文很好的她們，竟然翻譯出這個墳墓是兩人同葬。

她們連看恐佈片的「勇氣」都沒有，若不是身為好友的我，一再千請萬求，她們是打死也不願靠近墳墓，遑論翻譯墓碑上的文字了。那天，是個陰有雨的黃昏，站在墓穴旁，顯得特別陰森，也使氣氛更為詭異，雖然什麼事都沒有發生。

一直到搬離宿舍，我仍然沒有看懂那年輕人的墓碑上到底傳達了那些訊息。只是每次經過，都會在他的墳前駐足一會，直覺他一定有一個令人低迴不已的故事，合葬的到底是他的愛人，還是親人？對我而言，他的故事已永久埋在墳裡，慢慢被人遺忘。

樹蔭太濃密，每到夜晚，墳旁的走道顯得特別黑暗，伸手不見五指，我總習慣性地繞另一條路，並與同學同行，我也曾鼓起勇氣，跟著同學試試看深夜走墓園是什麼滋味，因為數人同行，我並不害怕，只覺得，這個走道似乎永遠也走不完，一向愛搞怪的日本同學威夫，故意發出猙獰的笑聲，我沒有被他的笑聲嚇破膽，反倒是被同行女同學的尖叫聲給嚇著了。

我發誓，絕不在晚上七點以後經過這裡，與其說是對墳墓的恐懼，不如說是對黑暗的恐懼吧！

390
ARCHWAY STN

我上報了。

兩個月後，我真的看到那篇「可怕」的文章
附著「避邪」照片登在報紙上，
也貼在語言中心的佈告欄。

■海德公園剪影。

■國家藝廊外觀。

記得第一篇「writting」的作業是要寫下自己在布里斯托的生活經驗。

為了趕著下課去購物，我胡亂打完，就匆匆列印交給傑森老師，將這篇作業拋到九霄雲外。

千金難買早知道

一個星期後，傑森老師在課堂上提起這篇作業，原來是，語言中心將學生的作業拿去報社投稿，而我的那篇匆促之作竟然被編輯選中，即將在九月份刊出。

乍聽之下，有點「晴天霹靂」，要投稿，老師怎麼不早說?

我在心中瘋狂吶喊。

唉！早知道，我就認真組織一下內文！

早知道，交卷前，我一定double check！

早知道，我就多抄些有程度的字彙！

早知道，我就不會一邊打字一邊打瞌睡了！

這下終於體會了網路上留傳的一句名言：「千金難買早知道。」再多的「悔恨」皆為時已晚。

看傑森老師興奮的模樣（或許因為編輯挑上的是他的學生的作品，他感到特別高興！），我的臉幾乎要皺成一團。

天啊！那種國中程度的文法、字彙的文章，要是給人瞧見了，會不會被誤解，「台灣人的英文程度，原來不過爾爾。」

這可是丟臉丟到國外去的「國恥」啊！我面有難色，正如同他所說，我快變成「super star」。

唉呀！不成啊！英國隨便抓一個低年級小朋友，都能寫得比我更優美通順。

此情此景，教我如何不「羞愧」？

怎麼？全班竟然鼓掌？原來是傑森老師要同學們給我一點掌聲，我

「心虛」地一邊苦笑一邊跟人家說：「Thank you！」

下課時，傑森老師要我交給他一張生活照讓報社刊登！Oh！my god！聽到這個訊息，頓時天旋地轉，眼前「暈黑」一片，其震驚的程度讓我直想找個道士來收驚，可惜英國沒有道士。

兩個月後，我真的看到那篇「可怕」的文章附著「避邪」照片登在報紙上，也貼在語言中心的佈告欄，供人免費觀賞，那篇文章我是不敢看了，登在報上的照片，露出很白癡的傻笑。

語言中心的領導人──約翰，每次見到我就會開我玩笑說：「Famous girl！」

那篇文章記載不少發生在我身上的蠢事，包括迷路無數次、不會搭公車、語言障礙、去換旅行支票，竟然沒把護照帶出來，讓不少國際學生笑得東倒西歪。頻問：「台灣人都那麼笨嗎？」

果真，我變成了「國恥」！

每當有人問起我那篇文章，我總是「逃避現實」地否認。

「她是我雙胞胎妹妹啦！不是我啦！」

美和子笑得邪惡：「哦！妳妹妹跟妳穿同一件衣服，帶同一副眼鏡哦！」

「對啊！我跟我的雙胞胎妹妹不止長得一模一樣，連全身上下的行頭都一樣哩！」我倒也厚顏無恥。

美和子使出最致命的一招：「等我去台灣，第一個就要先看看妳的雙胞胎妹妹。」

我該哭，還是該笑？抑或是，又哭又笑？

■早期的「特法拉廣場」，常可見到鴿群聚集，但為了環保，英國政府將不再歡迎鴿子來到此地。

tkts TICKET BOOTH
NATIONAL GALLERY
NATIONAL PORTRAIT GALLERY
TRAFALGAR SQUARE
WC
COVENT GARDEN
LEICESTER SQUARE
HSBC
THE BREWMASTER

難忘的舞會。

這些愛跳舞的學生，都有一種禮讓的美德，
當他們發現有人想加入舞池，
都會主動讓出一個空間，同享「搖擺」的樂趣。

■語言中心在每月底都會包下一間bar開舞會。

西方人喜歡跳舞，舞技也比東方人高明，一點都沒錯。酒吧文化更讓他們訓練了好酒量與曼妙的舞姿。

語言中心在每個月的月初都有歡迎新生的「welcome party」，月底則會安排「ending party」。或許是在台灣已經「乖」太久了，第一次的「welcome party」，我竟然「虛偽」地選擇在宿舍溫息功課。因而我第一次參加的舞會，自然就是「ending party」，而且還是在美和子「再三鼓勵」下，我才「半推半就」上陣的。

擺開拘謹，大膽解放

「YMCA」的輕快節奏與學生們的歡呼聲同時響起，日光燈關了，彩色燈閃閃爍爍，隨著音樂的律動，跟著又跳又扭又轉，隨著沸騰的情緒拍手吶喊。我拘謹慣了，有點放不開，不過讓人放不開的主因並不是手腳，而是沉執多年的心防。看著衆人熱歌勁舞，再保守的心也很容易霍然敞開，入境隨俗，擲入人群中載歌載舞，汗流浹背之後，有一種解放後的歡

■牛津大學black well書店。

暢，這是我從來沒有感受過的瘋狂。

像個機器人在「搖擺」

雖然已經有過一次徹底解放的經驗，但再參加舞會，我仍是習慣性退卻。冷不防被莎拉老師拉進人群，不過，我竟以「怕背包被偷」的愚蠢理由擋駕，誰知莎拉老師就把我的背包「搶」過去，壓在她的大背包底下：「這樣安全了吧？」

莎拉老師五十多歲了，早已結婚生子，纖瘦的身材有如少女，跳起舞來，依然節奏感十足，熱力絕不輸給年輕人。最起碼，跟她一比，不到三十歲的我，舞姿卻像個機器人。

舞池中只見大家賣力地搖擺身軀，似乎想甩掉求學的壓力，我也注意過，這些愛跳舞的學生，都有一種禮讓的美德，當他們發現有人想加入舞池，都會主動讓出一個空間，同享「搖擺」的樂趣；也有情侶緊摟著，邊跳邊熱吻，旁邊的人瘋狂鼓掌，要他們「繼續」，並要求他們表演各種不同的接吻方式。

音樂停了一陣，我也滿身大汗，暫時離開舞池，有個義大利學生端著一杯倒得滿滿快溢出來的啤酒，向我和美和子「求救」，原來是他已經喝了四大杯，很後悔再去吧台買第五杯，要我們幫忙他解決。

或許是氣氛太熱鬧，我幾乎忘了不與人共用杯碗的原則，三個來自不同國家的異國人士搶著同一杯啤酒喝，黃湯下肚，沒醉，卻笑得暢懷，也浮起依依離情，因為，明天就是課程的最後一天了。

離開英國好一段時日了，我沒有再跳過舞。但每當一聽到動感搖滾的外國歌曲，骨子裡還是會竄出一股想跳支舞的瘋狂勁兒。

KIV

卡蘿老師的愛情故事。

他們各自尋尋覓覓好多年，
終於發現最愛的人原來近在咫尺，
多年來始料未及，
也印證了緣份的奇妙。

■劍橋大學內河道，可享受浪漫撐篙之樂。

卡蘿老師是「會話俱樂部」活動的老師。

「會話俱樂部」是為了增進學生口語能力而成立的。語言中心派老師指導，學生自由參加，時間在每星期二、四的下課後，時間約一個半小時。

來自愛爾蘭的卡蘿老師在自我介紹，提到自己經結婚時，全班嘩然。因為卡蘿老師看起來就像二十初頭的氣質型辣妹，大家都認為她身邊一定圍繞著不少追求者，沒想到已經「死會」了。於是有個不甘心的日本男學生逼問起她的愛情故事。

當知己變成情人

大家都覺得西方人的愛情故事一定多彩火辣，但卡蘿老師與她先生的羅曼史卻很傳統。

卡蘿老師和她先生原本是感情很好的異性知己，他叫她「小妹妹」，她叫他「大哥哥」，卡蘿老師的母親也將這位「女兒的大哥哥」當成兒子一樣疼愛著。

八年來，他們兩人一直是無話不談的知己，也會不定期的私下聚會，再怎麼合得來，就是不來電，也各自有男女朋友。有一天，他們又各自結束了一段感情，兩人約在咖啡廳見面，暢談失戀的心得。突然他對卡蘿老師說：「我愛妳。」卡蘿老師震驚萬分，沒料到一直以知心朋友方式相處的大哥哥會突然對她表露愛意，卡蘿老師手足無措，只說了一聲：「我不知道啦！」就跑走了，把他一個人孤零零地丟在咖啡店裡枯坐。

從這件事開始，他們換成男女朋友的方式，又交往了兩年，才決心走入禮堂，攜手共渡此生，目前還是自由自在的頂客族。他們各自尋尋覓覓好多年，終於發現最愛的人原來近在咫尺，多年來始料未及，也印證了緣份的奇妙。

婚姻是柴米油鹽，不是琴棋書畫

卡蘿老師又拿出丈夫的照片讓大家傳閱，這位吐著舌頭扮鬼臉的男人不是帥哥，而且以我一向精準的直覺來看，他可能還有點脫線。我們大家興高采烈地傳閱，卡蘿老師還一邊叫著：「別摺到了哦！要小心。」這張照片一直放在卡蘿老師的皮夾中，是她最珍愛的寶貝，我們怎能不小心呢？

瓊瑤筆下濃烈的愛情曾是無數少男少女的憧憬，卡蘿老師細水長流的羅曼史，雖然少了小說裡的浪漫情節，卻給人一種更深刻的感動與踏實。

畢竟，人生是現實，不是戲劇。

婚姻是柴米油鹽，不是琴棋書畫。

■讓多情詩人徐志摩如癡如醉的康河。

First Floor Bar
LONDON

血緣的迷思。

一看即知，這小女孩不可能是白人夫妻親生，
必是因某種原因收養了她，
要是她生長在屬於她的國度，
或許這一切都不會屬於她吧！

■需要付費的「toy bicycle」。

台北的太陽炙熱如火，英國的太陽卻溫暖怡人，我最愛漫步在陽光下，享受陽光親近地洗禮。英國的天氣雖然多雨潮濕，但夏季和暖的陽光，不出門踏踏青似乎頗辜負老天爺恩賜的好天氣。

我來到離宿舍約二十分鐘路程遠的布里斯托動物園，原以為是免費的，沒想到竟然要7磅多的門票，這還是買學生優惠價呢！園內的規模雖比台北木柵動物園小了兩、三倍，但那栽種著五彩繽紛花卉的一大片草地，閃耀著讓人無法忽視的風景。

■英國常見的雙層觀光巴士。

親生的不能挑，收養小孩也不挑

首先撼動我的並非園內的珍禽異獸，而是一個和樂的家庭。

他們一家人坐在涼椅上，母親腿上坐著一個兩、三歲的小男孩，這對白人夫妻的中間，坐著一個黑人小女孩，正津津有味地吃著雪糕，她穿著一件漂亮的洋裝，烏黑的秀髮巧手編起，再綴上亮麗的髮飾，顯然是精心替她打扮過。

小女孩乖巧地倚在父母身邊，有些害羞。一看即知，這小女孩不可能是白人夫妻親生，必是因為某種原因收養了她，要是她生長在屬於她的國度，或許這一切都不會屬於她吧！

我一直很佩服這種突破親生，一視同仁的無私，在媒體上看到外國善心人士領養亞洲、非洲的貧困兒童，有的甚至願意撫養被拋棄的殘缺幼兒，領養嬰兒也不挑選，就如劉墉先生一篇文章提及他們的胸襟，親生的不能挑，他們收養小孩也不挑。

無私的愛

還有一次，我和兩位台灣好友約在麥當勞聚會，一個媽媽一手牽著一個金髮碧眼的小男孩，另一手牽著一個中國臉孔的小女孩，「一家人」一齊走進麥當勞。朋友說：「外國媽媽帶著一個東方小孩耶！他們真的很有愛心！為什麼我們做不到呢？」因為愛，讓我覺得她很美麗。那種美麗是無私的大愛昇華而成，難以取代。

他們正巧坐在我們的隔壁桌，那個母親為兩個孩子點了餐後，自己一邊吃，還一邊吼著：「飲料不要潑到桌上！」

「不要用手抓漢堡！」

「不要亂撒胡椒粉！」

「你看你！沾得滿手沙拉！」

東方小女孩較懂事乖巧，被罵的幾乎都是那位英國小男孩。好友說的對，他們的教育成功了，才能放下血統、血緣的迷思，去愛一個流著不同血液的孩子，也是一種對社會的回饋，對世界的感恩。

在巴斯的羅馬浴池博物館我也曾見到一對父子，黑皮膚的兒子抱著白皮膚的父親撒嬌、親吻，和樂融融，黑白一家親，就像是自己親生的孩子一樣疼愛著。

中國社會講究「傳宗接代」、「親生己出」的傳統觀念，不孕富豪夫妻，重金「借種」讓太太懷孕生子的新聞也曾見過，若「血親」真有重要到非己出不可，那麼，這些外國家庭又是靠著什麼力量「放下」呢？

有人說，我會這麼想，是因為我未婚，不懂得血緣之親的重要性，小孩不是自己的，如何疼得下去？但看著收養家庭的天倫樂，答案，其實就在裡面。

Delicatessen
SANDWICH BAR
OPEN
24 Hours
Freshly Cut SANDWICHES
OPEN
ICE CREAM
Nestlé
City of Westminster
VEHICLE POUND
HYDE PARK
MARBLE ARCH

我是東方人。

很多歐洲學生晚上跑到酒吧徹夜狂歡，飲酒跳舞，
第二天還能準時上課，精神翼翼，
不知他們的身體真是鐵打的？
或者東方人太遜了？！

■劍橋大學一隅。

■建於1703年的白金漢宮，禁衛軍交接儀式。

不少人羨慕遊學生能與來自世界各地的人相處，但文化差異，使得生活習慣、行為模式天差地別，在相處上其實需要更多的包容。

自信心缺缺的東方學生

總覺得，東方的學生自幼被教育體制嚇得很徹底，老師不問，絕對不會主動發言；「被迫」發言時，也有點膽怯、怕錯；明明聽不懂，也不敢公然表達。發言一定會經過「三思而後行」，文法、時態、單字都用得正確才敢開口。

歐美的學生就不同了，他們說英文的時候充滿自信，仔細聽，前句不對後句，錯得一蹋糊塗；明明英文很爛，也未曾打擊他們的信心，甚至還會以錯誤的英文糾正別人。東方的學生太重顏面，反倒喪失了進步空間，試想，就是英文不好才需要學習，要是能做到百分之百不犯錯，早就成為「Native speaker」了。

我曾跟一位德國學生對過作業的答案，發現他們對自己的答案充滿自信，答案不一樣，她很肯定，她的答案必然正確，我的答案才是錯的，害得我也三心二意了起來，不過，老師公佈正確答案後，才發現我的答案沒有錯。

東方學生比較安份守己，老師交待下來的作業，一定按時寫完，即使老師給的作業太多，也是很認份地「任人宰割」；而西方學生就不同了，他們會振振有辭地跟老師辯，並解釋作業的「壞處」，也影響了他們的「正常生活」。事實上，他們所謂的「正常生活」，竟然是晚上到酒吧喝酒，去舞廳跳舞狂歡。針對這一點，老師們反而欣賞用功的東方學生。

外國人用餐「一切從簡」

我在廚房裡炒菜、滾湯，一邊用大同電鍋煮飯，弄得滿身油煙，歐洲學生看到東方人吃飯的方式，都不可思議的瞪大眼睛，他們不敢相信，東方人吃頓飯這麼複雜。

我看過有一群西班牙學生，將各種生菜隨便沖一下就倒進盤中，再灑上鹽巴調味，攪拌一下，就是生菜拼盤了。又拿著土司沾義大利麵醬，「麵包加義大利麵醬」？！我連看都覺得噁心，當然不可能去嚐試。還有人把水果削成一塊一塊，再用沙拉拌勻，就是豐盛的水果大餐。

在我認識的歐美學生群，很少人準時吃飯，有人五點半不到就吃晚餐，有人則要玩到八、九點才吃飯，至於會在六點多用餐的，大多是東方學生。

什麼才叫「愛抽煙」？！

數據顯示，台灣人愈來愈愛抽煙。

但，只要到了歐洲，你就會發現什麼才叫做「愛抽煙」！

女性癮君子的人數，甚至高於男性。而且我還有一種「錯覺」——外國的煙比台灣的煙更難聞，氣味更重。他們抽煙看起來不像是舒解壓力，而是一種習慣。除了禁煙區，都能看到一群快樂似神仙的歐洲人，嘴裡刁著煙，享受吞雲吐霧的樂趣，好像沒有煙真的會死掉一般。英國政府認為抽煙傷身，因此對煙課重稅，香煙也賣得很貴。看過有人改抽一種DIY的煙草，先把煙草由盒中取出來，用一種特殊的紙捲成一根煙的形狀，一包可抽一個星期，對於煙不離手的「神仙」來說，實在非常划算。

不會喝酒不算男人？！

英國人喜歡上酒吧，不論什麼活動，都要點啤酒才過癮，尤其是男孩子，不會喝酒的，根本就不算男人。

跟西方人一起參加派對，一定要「入境隨俗」代表合群，否則就是「不夠意思」，「不會喝酒」絕對不能做為拒絕的藉口，大口喝烈酒，則會贏得伙伴們的瘋狂鼓掌。

■白金漢宮花園。

在宿舍某一棟樓層的迴旋梯旁，常會看到幾位歐洲男女學生抱著酒瓶狂飲，還一邊彈吉他助興，濃濃的煙味混雜著酒氣飄過來，讓人不禁懷疑，歐洲人都這麼墮落糜爛嗎？

很多歐洲學生晚上跑到酒吧徹夜狂歡，飲酒跳舞，第二天還能準時上課，精神翼翼，不知他們的身體真的鐵打的？或者東方人太遜了？

裸體坦蕩蕩

東方人習慣睡前洗澡，而西方人則是早上洗澡，這個差別幾乎每個人都知道。

不過，他們對裸體的大方程度實在令人嘆為觀止。

曾有女學生洗澡洗到一半，突然想起有東西忘記拿進浴室，就這樣光著身子跑出來拿東西再進去，一點也不覺得赤裸有何尷尬之處，而且還會大方的跟妳打招呼。

由於東西方人洗澡時間的差異，我也樂得不用跟他們搶浴室，每次進去洗澡，淋浴間都是乾的。

愛開Party，不洗碗

西方人喜歡開狂歡party，在酒吧開大party，在宿舍則要開小party，開party不打緊，最讓人難以忍受的是，他們不喜歡洗碗。

宿舍的廚房是八人共用，也附上公共碗盤，帶給遊學生很多便利空間，但開了party後，碗盤竟然全放在洗碗槽裡，堆得高高的，我慶幸自己有一份私人餐具，也賭氣地不願意替這些懶惰的人洗碗。

碗盤就這麼堆了兩、三天，這些「罪魁禍首」終於因為廚房沒有乾淨的碗盤而乖乖洗碗。之前聽說外國人洗碗都是隨便沖一下就算洗好，但據我觀察，不盡然如此，看著兩個義大利女孩也是規矩地用洗碗精抹在碗盤上，再用菜瓜布擦拭一遍，沖乾淨了之後再撈起來。

東方無厘頭在西方如魚得水

我有一個「壞習慣」，常被朋友糾正。就是常會在別人一致討論的主題中，天外飛來一筆，插入別的話題，朋友常感到陌名奇妙，總叫我不要隨便扯開話題，這是不懂禮貌的行逕。

很多國外留學生夢想就讀的劍橋大學。

到了國外，我竟然又忘了朋友的「忠言」。

記得有一次在跟外國同學討論嚴肅的文法，我突然想到一件有趣的事，忍不住又提起不相關的事，原以為自己丟臉丟到外國，正當開始後悔自己說話不用大腦，沒想到他們完全沒有糾正我，反而覺得我說的笑話「很酷」。

幾度觀察下來，才發現東方人的聊天比較具體性，而西方人聊天則沒有什麼特別的規範，想說什麼都可隨時插入任何主題，沒人覺得奇怪。

因為被朋友糾正慣了，曾經想徹底改正我這種無厘頭的思考模式，希望自己能「正常一點」，然而到了國外與西方相交體驗過後，這才知道我是多麼「正常」，何必要抹煞自己的特性呢？只是，在面對國內親朋好友時，還是必須節制些好。

家醜何必外揚

出國前早已知曉，外國人的民族性很強，因此，千萬不要在外國人面前批評他們的國家，以示尊重對方，也表現了我們的格調。

曾聽到本國學生在外國遊學生面前批評自己的國家，覺得很感嘆，也很氣憤，批評的東西包括，環境不潔、空氣污染、政府無能、治安欠佳、教育體制差……等，所有提得出來的，批判得一文不値，但他們卻看不出來外國人在面對批評自己國家的人時，所流露出來的輕視，他們嘴裡不說，卻在心裡貶低了我們。

外國人介紹自己國家的方式，就是「隱惡揚善」。

特別是跟我們尚未混熟時，說出來的絕對都是優點。例如，義大利小偷最多，但邀請我去義大利玩的學生卻告訴我：「義大利是美食天堂，治安良好，人民友善，妳一定會留下美好的回憶。」

出國前，對哥倫比亞這個國家完全不了解，但在寫作課看了哥倫比亞學生的文章後，竟讓我興起去哥倫比亞旅行的念頭。

記得那位年僅二十歲的哥倫比亞學生寫著：「哥倫比亞的有美麗的風景，有宜人的青山、河流，也有熱鬧的市中心，享受購物的樂趣……教堂帶給人平靜，也祝福著我們……」

當時看了他這篇作業，竟然想在回國後，參加哥倫比亞旅遊團，朋友一聽到我的「瘋狂計劃」直呼不可思議。經過她的說明，我才發現自己

「上當」了，哥倫比亞其實是一個治安混亂的地方，台灣至少比它安全一百倍。

有位同學前陣子去日本自助旅行，曾用英文問路，日本人竟「嚇」得跑開，讓她只好憑記憶擠出一點也不流利的日文。

聽同學如此抱怨，不禁想起我和美和子的對話，當時她邀我去日本自助旅行，但我向她表示，我不懂日文，實在沒有勇氣自助旅行，但美和子的回答是：「講英文一切OK。」對照同學遇到的現況，我發現，跟我很要好的美和子竟然也「撒謊」呵！

眞的要罵，回家再罵吧！

外國人們懂得保護自己的國家，到了國外，絕不加諸批評，充份表現了他們的民族性與國格，無怪乎，他們聽到許多台灣學生對自己國家的微詞，會流露出不可思議、甚至鄙疑的表情。

當我聽到部份台灣學生在國外口沫潢飛數落自己的國家時，心中的難過實在難以形容，真想對他們大喊一聲：「Shut up！」

不是不能批評，而是要看場合，關起門來，我們可以為了爭取更好的生活、福利而做理性的抗爭或批判，但踏出國門，我們代表的是一個國家的公民形象，真的要罵，回家再罵吧！

體驗文化差異的趣味

很多人羨慕遊學生能與來自世界各地的外國人相處，藉由相處中了解彼此的文化。來自不同的生長環境，難免會有不同的習慣，若不能互相包容諒解，很容易產生磨擦。我個人是抱著一種體驗文化生活的立場來看待彼此的不同，讓我覺得這些差異很有趣；相對的，他們也用同樣的心態看待我，才能相處融洽。我還深深體會到，不能常以自己的標準為出發點，來批評別人的不同，這是很不公平的做法。

許多崇洋的人嚮往國外的天空，學習外國人的行為舉止，扭轉自己的

生活習慣，希望能「改頭換面」成為標準的西方人。但是再怎麼改變，我們永遠不會是西方人。出國一趟讓我更了解到，我不但是東方人，還是標準的台灣人，原鄉之親絕無法否定或抹煞。

■海德公園內的魚池常可見鴨群戲水。

1291-1991
ZURICH
SCHWYZ
FRIBOURG
BERN
OBWALDEN
SOLOTHURN
LUZERN
NIDWALDEN
BASEL-STADT
GLARUS
BASEL-LANDSCHAFT
APPENZELL A.RH.
TICINO
GENEVE
V R
ST.GALLEN
VAUD
LIBERTÉ ET PATRIE
JURA
GRAUBUNDEN
VALAIS
On 15 April 1991,
on the occasion of
the 700th anniversary of
the Swiss Confederation,
the Right Worshipful
the Lord Mayor of Westminster,
Councillor David Avery
named this area
"Swiss Court"
as a token of
the lasting friendship
between Switzerland
and the United Kingdom.
This Cantonal Tree
displays the coats of arms
of the twenty-six cantons
of Switzerland.
BUDGENS

後記。

■倫敦街景。

後記：你想遊學嗎？

「遊學」這個名詞，幾乎與錢劃上等號。

也有不少人認為，「遊學」便是花錢混證書的行逕罷了。在我親身體驗了遊學後，對於這種說法頗不認同。

「遊學」，到底只是有錢人家灑錢買資歷，或者是有心上進者累積的寶貴經驗，完全操之在己。不過，若有人在我面前，毫不修飾的批評遊學生全是以錢混證書，我一定第一個站出來，為有志向學的遊學生喊冤。

我遇到的台灣遊學生，很多是工作了幾年的上班族，他們自食其力，省吃儉用，為了實現遊學的夢想，抑然拋下現有的成就，投下辛苦存下來的積蓄，只為了不讓自己留下任何遺憾。國內的穩定讓人羨慕，但另一片土地何嘗不令人嚮往？

我告訴自己，趁著年輕，身體健康，為什麼不看看外面的世界？未來難以預知，青春之泉尚未被我揮霍怠盡，不如把握現在。

我的潛意識一直在告訴我：「飛吧！飛吧！飛吧！」

當時剛進入一家前主管所開的新公司，主管軟硬兼施，希望我能留在公司幫忙，遊學之事待日後，但我算算自己的年紀，六年級中段班，轉眼邁入三十大關，再不出國進修，恐怕來不及了；於是，我堅持自己的出國計劃，工作的事，回國再說吧！

當我拖著二十公斤重的大行李，背起五公斤重的小行李，踏入中正機場的剎那，傻眼望著鋁門外的白雲，幻想著我即將面臨的新環境，既興奮，又緊張。

現實總是有瑕疵，是所有遊學生必須獨立面對，無法避免的，當我到達宿舍時，一無所知的恐懼，驟變的陰寒氣候，有看沒有懂的英文文件，都曾讓我恨不得立刻逃回台灣，外在的堅強其實是無助的偽裝；一股不甘屈服的矛盾，讓我跨出了適應生活的第一步。相信星座學的朋友說，這就是處女座的內、外在特質。

等我用一個月的時間完全適應了生活，就開始享受生活，甚至幫助新來的遊學生渡過難關，贏得異國不少友誼，「助人為快樂之本」，就是這樣體會而來的。當你看著一個心焦如焚的人，一解眉宇間的不安，鬆一口氣後，誠心誠意地向你道謝，你是不是也感染了那份溫馨帶來的喜悅呢？

古人說：「讀萬卷書，不如行萬里路。」

後人又加了一句：「行萬里路，不如閱人無數。」

這絕非理想化的空談之言，而是前輩體驗人生後的領悟。海外遊學，就兼具了「讀書」、「行路」、「閱人」等寶貴經歷，若能珍惜自己所投入的時間、金錢，以及善用身邊的資源，絕對是獲益匪淺，造就一生中無價的回憶。返國後，仍在腦海裡甜美著的記憶，讓之前所投資的學費、住宿費，再怎麼算，都只能說「太便宜」了。

所以，有人問得模模糊糊：「遊學要花很多錢吧？」我總是肯定地搖搖頭。

若只以金錢來估量遊學的目的，還是把錢存在銀行裡比較實際！但要是能當成是一種青春歲月無怨無悔的投資，絕對值回票價，甚至還嫌「便宜」，因人而異，單看遊學生心態不同而定；因為金錢能買到很多東西，「經驗」卻不是能用錢買來的。

「遊學」，你可以輕輕鬆鬆的混日子，結業後混個證書，也能腳踏實地，不辜負自己的投資，雖然都是拿到證書，不過，一旦重回校園或職場，你是努力或打混，都會攤在陽光下見真章。

■往windmere的小鎮花園。

遊學需要一筆資金，也需要一段長假。有了資金和假期，再問問自己你是否也具備了獨立、不依賴別人的條件呢？如果抱著想要靠別人「罩」的心態，還是先培養自主性格再出國得好。到了異國，大家都要學著適應新環境，每個人都自顧不暇了，哪來多餘的心力去照顧你？本國人互相幫助是應該的，但別人沒有義務照顧我們，我們怎能抱著依賴別人的心態？

或許有人會問：「英文不好，可以長期遊學嗎？」

其實，我個人認為，只要具備國中英文程度，即具有個人遊學的資格。據我觀察，在外國生活的快樂的人，不見得英文程度一定很好，英文程度高，卻度日如年的人大有人在。會過得快樂的人，都是能適應環境，並享受環境的人，他們的語文，通常進步得也特別快呢！

所以說，語文不是問題，生活才是問題；只是，我曾因語言不通，造成好友的莫大包袱，至今仍覺得有些羞愧，只是矛盾地不願去承認它；於是，我這麼告訴自己，英文沒有進步的話，這輩子永不出國！但，這只是我個人的經歷，據統計，真正因為英文不佳，導致遊學不順利的人，少之又少。

想遊學嗎？勇敢的飛吧！

如果有機會，我一定要再去遊學！

■愛丁堡整齊羅列的特色建築。

廣　告　回　信
臺灣北區郵政管理局登記證
北 台 字 第 8719 號
免　貼　郵　票

106-□□
台北市新生南路3段88號5樓之6

揚智文化事業股份有限公司　收

□□□-□□
地址：　市縣　鄉鎮市區　路街　段　巷　弄　號　樓
姓名：

L6005

英國遊學瘋

葉子出版股份有限公司

讀·者·回·函

感謝您購買本公司出版的書籍。

為了更接近讀者的想法，出版您想閱讀的書籍，在此需要勞駕您詳細為我們填寫回函，您的一份心力，將使我們更加努力！！

1.姓名：__________

2.性別：□男 □女

3.生日／年齡：西元_____ 年_____月 _____ 日____歲

4.教育程度：□高中職以下 □專科及大學 □碩士 □博士以上

5.職業別：□學生□服務業□軍警□公教□資訊□傳播□金融□貿易
□製造生產□家管□其他__________

6.購書方式／地點名稱：□書店_____□量販店_____□網路_____□郵購_____
□書展_______□其他____

7.如何得知此出版訊息：□媒體_____□書訊_____□書店_____□其他_____

8.購買原因：□喜歡作者□對書籍內容感興趣□生活或工作需要□其他

9.書籍編排：□專業水準□賞心悅目□設計普通□有待加強

10.書籍封面：□非常出色□平凡普通□毫不起眼

11. E－mail：______________________________

12喜歡哪一類型的書籍：______________________________

13.月收入：□兩萬到三萬□三到四萬□四到五萬□五萬以上□十萬以上

14.您認為本書定價：□過高□適當□便宜

15.希望本公司出版哪方面的書籍：______________________________

16.本公司企劃的書籍分類裡，有哪些書系是您感到興趣的？

□忘憂草（身心靈）□愛麗絲（流行時尚）□紫薇（愛情）□三色堇（財經）
□ 銀杏（健康）□風信子（旅遊文學）□向日葵（青少年）

17.您的寶貴意見：

____

☆填寫完畢後，可直接寄回（免貼郵票）。

我們將不定期寄發新書資訊，並優先通知您

其他優惠活動，再次感謝您！！

根

以讀者爲其根本

莖

用生活來做支撐

引發思考或功用

獲取效益或趣味